U0938834

哈佛大学人生设计课

尤虹文◎著

浙江人民出版社

图书在版编目（CIP）数据

哈佛大学人生设计课 / 尤虹文著. — 杭州：浙江人民出版社，2021.3

ISBN 978-7-213-09819-2

浙江省版权局
著作权合同登记章
图字：11-2020-020 号

Ⅰ. ①哈… Ⅱ. ①尤… Ⅲ. ①人生哲学—通俗读物
Ⅳ. ①B821-49

中国版本图书馆CIP数据核字（2020）第154019号

哈佛大学人生设计课

HAFO DAXUE RENSHENG SHEJI KE

尤虹文 著

出版发行：浙江人民出版社（杭州市体育场路 347 号 邮编：310006）
市场部电话：（0571）85061682 85176516

策划编辑：张 攀

责任编辑：张世琼

特约编辑：娄 澜

营销编辑：陈雯怡 陈芊如

责任校对：杨 帆

责任印务：刘彭年

封面设计：蔡小波

电脑制版：济南唐尧文化传播有限公司

印 刷：杭州丰源印刷有限公司

开 本：880 毫米 × 1230 毫米 1/32 印 张：6.5

字 数：121 千字 插 页：2

版 次：2021 年 3 月第 1 版 印 次：2021 年 3 月第 1 次印刷

书 号：ISBN 978-7-213-09819-2

定 价：48.00 元

献给我的妈妈、爸爸和弟弟，
感谢你们无条件的爱。

推荐一

在哈佛大学就读期间，虹文是“音乐180”（我指导了20年的哈佛室内乐分析演奏课程）上的风云人物。包括拉威尔的钢琴三重奏、贝多芬的钢琴三重奏《大公》和《鬼魂》、勃拉姆斯的G小调钢琴四重奏、贝多芬的弦乐四重奏作品OP.135等在内的室内乐难度最高的曲目都被她征服。虹文的优雅气质、理想主义精神、爱乐之心、出色的理解力以及与他人的真挚交流，深深地感染了我。她是与我合作过的最优秀的年轻音乐家之一。

罗伯特·列文

知名钢琴家、音乐教育家

推荐二

虹文把在哈佛的精彩求学经历写成回忆录。回忆录中她不仅详细描述了在哈佛的人生旅程，还流露出浓浓的乡愁。这可以说是一本好书。

劳伦斯·萨默斯

哈佛大学第 27 任校长、第 8 任美国国家经济会议主席

推荐三

这本书是一个音乐人在哈佛大学的生活笔记。她用4年的人生经历证明：音乐人也可以接受哈佛的经济学教育，并在完成挑战之后和读者分享她的收获。从桑德尔的公正课到马友友的音乐诀窍；从怎么写作、怎么读书到怎么做自己等。这18堂人生设计课，哪怕学到一两堂，都很值得！

李念祖

台湾东吴大学法律研究所教授、律师

推荐四

顶着“世界第一学府”的光环，哈佛是所有学子和家长心中遥不可及的梦。可若把哈佛这样顶级名校的学历和学习经验只当作“镀金”，那就大错特错了。虹文的故事让我们深刻了解到：这些经过激烈竞争和残酷筛选后才得以登入殿堂的宝石们，是如何靠着自己数倍于常人的努力，在名校、名师和优秀同学的磨砺下，才散发出夺目光芒的。

梁旅珠

亲子教育作家

目　录

楔　子

哈佛岁月，是我人生中最美好，也最艰难的日子。

如果可以，我多么想让属于19岁女孩的年少、纯真、无知和烂漫，永远存在记忆的一隅。随着时间的流逝，我的故事中还剩几分真实？

英国著名脑神经学家奥利弗·萨克斯说：“记忆不是凝结的、固定的，不是普鲁斯特盛水的罐子或储藏室里的蜜饯。它无时无刻不在回忆的当下转变、分解、重新组织、重新结合。”

请容许我用最真诚的笔触将记忆中的过往一一呈现：或许在剑桥夕阳映照的河面上，能再一次倒映那似水年华；或许在哈佛校园里的星夜下，我们能一起钻进爱丽丝的兔子洞，再一次掉进青春的漩涡。

这取决于你和我要用什么方式重新找回那逝去的岁月。

第1课

面对诱惑，定住心神

我愿意再接受冒险与挑战吗？
我能再一次浴火重生吗？
哈佛的校训是“真理”。
我渴望的哈佛大学，
能成为我的心灵故乡吗？
面对诱惑，要避免头脑发热。

2004 年秋天，空气是 9 月一贯的清冽。在美国克利夫兰霍普金斯国际机场候机室里，我静静地等待着。

刚从加州圣巴巴拉表演回克利夫兰，我便整理好所有行李，停留两天后，随即飞往波士顿。窗外的一大片天空，湛蓝的天际好像能挤出水珠来。

身旁一对友善的美国老人对我充满兴趣，睁大眼睛看着我。老妇问：“你带着大提琴，要去什么地方？”我微笑不语。

1.1　克利夫兰机场的回想

4 年来，我习惯一个人带着大提琴起飞降落。这次离开早已熟悉的克利夫兰，机场也少了家人的默默挥手，着实令我惆怅。

高中 4 年，我在位于美国中东部的克利夫兰度过。在那静谧如古老庄园的校园里，有疼惜我的老师、枫藤覆盖的音乐厅，还有我与克利夫兰交响乐团成员合作的身影。一个人的平安夜里，天主教堂的钟声陪伴着我，它声声催促着我加快迈向下一站的脚步。

身处人生第二次大转弯，却没有人帮我记录离别的身影。再一次起飞，比起 15 岁那次，倒更像流浪。人生一个一个落脚处，必须一步一步走下去。我不禁自问："我的下一个家，在什么地方？"

有人曾经说，"每个移民者，都习惯于将第一个落脚的新城市当作自己的家园"。这座城市的一景一物，犹如他们的原生家乡，让他们日夜徘徊，魂牵梦萦。假如真是如此，移民者，你愿不愿意再一次连根拔起去流浪？

初生之犊不畏虎。小港机场那个中学刚毕业的 15 岁孩子，那颗少小离家的心，还不懂绵绵乡愁，更别提生离死别之痛。但这一次从克利夫兰离去，飞向波士顿，我终于懂了吗？我知道只身前行要付出多么沉痛的代价。我知道没有家的人，不管在世界的哪一个角落，都会寻找故乡的身影。

如果你问我，一个人要去什么地方，我也不知怎么回答，因为我在寻找心灵的故乡。即便是惊鸿一瞥，我也愿意为此万里翱翔。

1.2 寻找心灵的故乡

15 岁那年，我只身一人到美国，进了克利夫兰音乐学院预备部。选择哈佛大学将是我人生的另一次巨变。我必须背起行囊，旅行到新的城市，去接触一群优秀的同学，去筑造音乐以外的人生新里程碑。

我能再次接受冒险与挑战吗？我能再一次浴火重生吗？哈佛的校训是“真理”，可我不知道我能否找到真理，但是我渴望哈佛大学能成为我的心灵故乡。我要在这里攀登学术的尖塔，徜徉于智慧的殿堂。

米兰·昆德拉说：“人类的时间不是循环转动的，而是直线前进的，这就是人类不可能幸福的原因，因为幸福是对重复的渴望。”

我的人生，再没有熟悉的领土；我的生命，不愿也不堪回头。下午 3 点 10 分飞往波士顿的班机，登机门即将关闭。再一次起飞，我必寻得智慧的泉源，心灵的故乡！

关于“追寻”，米兰·昆德拉这么说：

“人类的时间不是循环转动的，而是直线前进的，这就是人类不可能幸福的原因，因为幸福是对重复的渴望。”

第2课

②

迈克尔·桑德尔的公正课

我在哈佛上的第一堂旁听课：不是经济课，不是音乐课，而是现在红遍亚洲、大名鼎鼎的迈克尔·桑德尔教授的道德推理课。

新生正式入学前，哈佛大学会举办一年一度的传统新生迎接会。所有新录取的准大学生可以在4月中旬的一个周末来哈佛大学旁听、上课、住宿、认识新同学、提前体验新生生活。

2.1　第一次接触哈佛，走马观花

经校友会和入学官的安排，一位来自克利夫兰的大一学姐给我当向导。学姐长得非常标致，有着瓜子脸，笑起来露出一颗小虎牙。或许因为主修文学，她细长的眼睛透着忧郁，散发出诗人般的气质。

造访的那个周末刚好下大雨，哈佛大学总部剑桥又冷又湿。我被冷风吹得兴致全无，只好躲在学姐的雨伞下，看着哈佛广场穿梭来往的游客，如同一条条在池里游的小鱼。这时我想，紧张忙碌的哈佛学生是不是都躲在图书馆里？

首先，学姐带我到她的宿舍格雷斯馆参观。壮观的建筑物，巨型的花岗岩，令我目不转睛。学姐的宿舍里，4个女孩子每人1个房间，共用1个卫浴间。本来我应该留宿一晚，体验大一住宿生活，但见房间实在太乱，便婉拒了学姐的好意。尤其当瞥见，学姐的室友骄傲地把因未成年喝酒而被哈佛大一新生办公室警告的通知书高挂在墙上时，不谙世事的我有一些被吓到。

我们沿着弯弯曲曲的小路，经过报刊亭、赫尤克中心，慢慢地走到查理士河畔的艾略特住宿学院。学姐带着一脸骄傲，附在我耳旁悄悄地说，她已经被分配到这所1931年建立的住宿学院。在早年的河畔学院中，艾略特极负盛名，堪称“哈佛中的哈佛”。多边形的中庭，搭配暗赭色的红砖，悬挂在天花板上的吊灯极其亮眼，每年春天举办的艾略特舞会更是极尽奢华。

最后，我们来到哈佛高耸雄伟的纪念堂。从这里穿过光线微弱的哥特式大堂，到了纪念堂后方，旁听迈克尔·桑德尔教授的“公正课”。

我从来没想过，在哈佛上的第一堂旁听课不是经济课，更不是音乐课，而是道德推理课。大名鼎鼎的迈克尔·桑德尔教授身材单薄，但他站在偌大的桑德斯剧院讲堂正中央，仍然不失威武昂扬。即便学生们此起彼落地发问，他仍从容不迫地应答，并引导进入正题：

·如果牺牲1个人可以拯救5个人的生命，那么到底该不该牺牲这1个人？

·亚里士多德是如何思索个人的自由和权利的呢？

“公正课”的上课地点：纪念堂

我坐在二楼最后一排，望着前排的哈佛学生们，想着桑德尔教授抛出的问题。课程以研判一个又一个问题对和错、是与非，探索着古今哲学、伦理学和经济学，不禁令人心生敬畏。哈佛真是我该待的地方吗？圣德斯剧院讲堂上，数不清的名人曾在此发表演说，如罗斯福、丘吉尔、诗人卡明斯、民权主义者马丁·路德·金、迈克尔·桑德尔教授……我与他们之间的鸿沟，又岂是旁听一堂“公正课”就能跨越的？

2.2 延期一年就学，保留学籍

不论在情感还是理智层面，短暂的哈佛造访和旁听课程，根本无法帮我明了成为哈佛人的真谛何在。我决定“延期一年就学”，保留学籍，以思考未来的方向。

我希望我不是为了找工作、为了父母、为了听大名鼎鼎的“公正课”、为了在最优秀的同学身旁学习，而是真正为了自己走进哈佛大学的校门。

我答应自己，下一次起飞前，一定要花更多精力比较音乐人生和哈佛就学两者孰轻孰重，将所有得失巨细无遗地考虑，因为大学是人生中最宝贵的岁月。在追求真理的路上，我不要一潭幽静的池水，我要点燃知识的星星之火。

没有任何师长能强迫我领悟，也没有任何课程能教导我为自己负责，只有时间能让一切水到渠成。而我，愿意等待。

从“公正课”学到的推论反思

题目：一辆电车在轨道上刹车失控，无法停车。主轨上有 5 名工人被绑在轨道上，侧轨上也有 1 名工人被绑。这 6 个人的命运掌握在电车司机手中，他可以通过拉动拉杆，将电车开到侧轨上。请问，电车司机此时该如何选择？

必须先明确：

1. 电车在主轨上行驶。

2. 要么 5 个人死，要么 1 个人死，只有这两种可能的结果。

推论一

当可以牺牲 1 个人时，牺牲 5 个人不是正确之举。

推论二

操纵拉杆去牺牲 1 个人也是不道德的，你没有权利去剥夺任何人的生命，没有权利剥夺他人作为人的资格，你必须对他的死负责。

推论三

躺在主轨上的不只是 5 个人，还是 5 个家庭。他们若是牺牲，则意味着 5 个家庭的破碎，所以为更多的人挽回更多的利益才是明智的选择。

推论四

作为一个旁观者，我们有足够的时间大开脑洞，分析利弊。但作为一个实施者，我们只知道两边都是轨道工人的情况下，就该牺牲 1 人、保全 5 人。这是出于道德的选择。

推论五

电车在主轨上失控，在驾驶员不进行任何操作的情况下，撞死5个人是意外事件。但驾驶员拉动拉杆，将电车开到侧轨上撞死1个人，这是有意识的行为，相当于谋杀。

结论：许多问题到最后往往找不到答案，但教授希望利用来回攻防，反复探讨案例，不断验证、强化，或者颠覆我们原本的判断，继而驱动反向推论，收获多元论点。

第3课

迷茫中主动迈步，大胆向前

人生没有对的路，只有你决定走的路。对的路，该走的路，走起来会特别崎岖辛苦，但更要走下去。

从克利夫兰音乐学院主任尼尔森教授指导我的音乐理论开始，他一直是我的良师益友。高一时，他发现大学程度的乐理和听写课程对我来说太容易，便安排哈佛大学作曲专业的博士候选人专门为我开小灶。他是一位完全以学生需求为考量的音乐教授。

上哈佛前，我诚实地告诉了尼尔森教授我的困惑：许多人都认为，音乐人和哈佛的学生根本扯不上边。那么如果我成为哈佛的学生，音乐生涯有没有可能就此画下句号？但如果我为了成为职业音乐人，婉拒哈佛大学，会不会后悔？

我问尼尔森教授："在人生的交叉口有两条道路，怎么能提前知道哪一条是对的？"

尼尔森教授一边专心聆听我的问题，一边深思如何回答，当看到我如此苦恼，他的眼眶红了起来。

"你得先走了路，才知道对错，不是吗？况且，路没有对错，有对错的只是心境。要是决定留在音乐学院，你一定可以迈向成为音乐家的辉煌前程。但你真心热爱音乐的话，即使成为哈佛生，绕了一个大弯，你也会回归音乐之路的。人生没有对的路，只有你决定走的路。对的路，该走的路，走起来会特别崎岖辛苦，但更要走下去。”

3.1 3种选择，3种截然不同的人生

我的音乐圈子中，有3位优秀的青年音乐人：亚纪子、大卫和里克。他们都曾是哈佛大学的录取生，但因他们选择全然不同，人生也截然不同。

亚纪子偷偷跟我说，如果她到了哈佛大学，忙碌于音乐以外的专业，在种种诱惑之下，势必会放弃音乐的学习。她宁愿不知音乐以外的世界，只专注于琴艺，因此放弃哈佛。

大卫说，他来自一个管教严厉的家庭。家人非常希望他到哈佛大学接受人文教育的熏陶，同时求得表演艺术外的一技之长。但他忠于音乐，谁都无法动摇他的想法。大卫告诉我，除非音乐人的路走不下去了，否则他绝不回头。不过他家人始终不能原谅他，他的音乐路因此走得异常艰辛。

里克是他们中最幸运的。或许春天能给人自在，因此那年春天我们一起喝咖啡聊天时，他一派轻松地告诉我，哈佛那几年是他生命中最美好的一段时光。如果人生重来

一遍，他还会选择哈佛。因为在哈佛，他结交到许多志同道合的音乐人。他们相互鼓励和鞭策，那成了他一生中练琴最勤奋的岁月。

里克不仅鼓励我成为哈佛人，还介绍我认识他的好朋友——当时已大三的爱德琳。

3.2 找到属于你的人生平衡点

我一回到宿舍，马上写信给爱德琳。不久，一枚美丽的信封从波士顿寄来克利夫兰。

亲爱的虹文：

真是抱歉，回信稍晚了。这个星期是我大三下学期的最后一周，可想而知，这里的日子有多么忙碌。首先要恭喜你被哈佛大学录取。至于你今后该怎么做，全看你接下来的4年是希望拥有哈佛大学学历，还是希望拥有音乐学院学历了。

念哈佛最大的挑战在于如何取得你个人的完美平衡。这是每个人都必须面对的难题。在大学严苛的课业标准下，维持你对音乐专业的热情是很难的。而且样样都必须你自己来，像找到好的音乐老师、好的室内乐组合、挤出时间练习、持续专注于音乐的研习等皆是如此。如果你成功地找到属于你的平衡点，哈佛大学绝对能够值回票价。

爱德琳和里克能同时兼顾哈佛生和音乐人的身份，游刃有余。他们的建议大大鼓舞了我，这证明哈佛生和音乐人两者并不矛盾，反而能相辅相成。

爱德琳学姐和里克学长的经历，让我想起法国杂技艺术家菲利普·帕特。1974 年，菲利普挑战走过一条系于纽约世贸中心双子塔之间，距地面 400 米的钢索。他悬空 45 分钟，一步一步走出他人生的平衡点，最终创造了世界奇迹。

不入虎穴，焉得虎子。是做哈佛生还是音乐人？接踵而来的种种矛盾，或许能促使我在大学 4 年追寻属于我人生的完美平衡点。

3.3 踏进哈佛大门，没有对与错

2004 年秋天，我一到波士顿，一直在此居住的学姐就来接我，带我去城中的高级住宅区。那儿有铺满小石子的人行道，还有著名的灯塔山。我们晚餐在一家全新的意大利餐厅里吃，我第一次尝到意大利生腌火腿，滋味难忘。

第二天一早，我一个人扛着琴和一箱行李，叫了出租车。出租车跨越查理士河到了哈佛。司机有浓重的波士顿口音，因而将哈佛园的“A”元音说得特别响亮。

没多久，他就回头问我，送到约翰斯顿大门好吗？

我看了看手中的“报到指南”，告诉他我的宿舍是马修馆。

司机说，哈佛大学那么多扇大门，他不知道哪个门离我的宿舍最近。我只好勉为其难地点头。

下了出租车，我看到约翰斯顿大门，上面有古朴典雅的石砖和玄铁雕花。这历经 300 多年的校园入口，曾有多少求知欲强的青年学子穿过它进入真理的神秘殿堂啊。我扛着大提琴，深吸一口气，坚定地走了进去。

迎面而来的，竟是之前在克利夫兰感恩节哈佛说明会上的大眼女孩。当时她曾祝愿我申请成功。如今已升入大二的她，对我笑了笑，问：“延期就学后，你终于决定来哈佛了吗？”

约翰斯顿大门

“是啊！”我笑了出来。心里想，世界真小，怎么这么巧又遇见她。不过，这也是在提醒我，延期就学是我的选择，现在我慢了一年，要迎头赶上。

我问大眼女孩：“你知道马修馆在哪儿吗？”

她指向我身后的建筑说：“这就是马修馆！这是你的宿舍吗？”

啊！我一回头，原来马修馆这么近，就在约翰斯顿大门的右侧。仰望高耸壮丽的马修馆，我不禁心生赞叹。

等了那么久，终于到了我的新起点。

面对迷惘，如何做抉择

在人生的交叉口有两条道路，怎么知道哪一条是对的？

我从尼尔森教授那里得到的启示是：你得先走了路，才知道对错。其实，路没有对错，有对错的只有心境。

第4课

4

在新环境，先进入最易接纳你的圈子

走进哈佛后，所有的人生魔法都会从这大观园中展开！

最令人回味的故事，总有最美丽的场景。大一的宿舍和室友皆由学校分配，我很幸运地住进马修馆。两人一间房，共享客厅。马修馆有着歌特式复古走廊和石雕装饰设计。在马修馆东侧倚着墙，就能看到对面浪漫的韦尔德馆和哈佛园中熙熙攘攘的人潮。

大一学生不论来自何方，都必须住校。学生们被分配到哈佛园四周的宿舍，并且规定要一起在安纳伯格厅用餐。学校希望我们住在哈佛的地理位置中心，利用一年的时间熟悉彼此，同时了解哈佛的校园环境。不过，大一下学期就可重新申请宿舍，大二将被分配到属于自己的住宿学院。

在第一个仲秋和孟冬，我认识了在哈佛最重要的朋友们。

4.1 初识室友，成为好友

抵达马修馆后，我发现了一个不幸的事实：由于哈佛的宿舍历史悠久，为保护建筑，竟然没装电梯！我拖着笨重的琴和沉重的脚步，爬楼梯走进四层的房间。

我一进门，看到一位高大的男人正在搬一个大沙发。客厅中摆放着电视、落地灯、洗衣篮、书柜和各式家具。我连搬琴都有困难，这沙发是怎么搬上楼的？真是太神奇了。

大一新生会被分配到哈佛园四周的宿舍

他汗流浃背，转过身来跟我打招呼："你好，我是麦蓝妮的爸爸。"

后来才知，原来这位室友上大学，爸爸、妈妈、外公、外婆和姐姐都一起来帮忙搬家，连客厅沙发都带来了。回头看自己仅有的一箱行李，我哑然失笑。

麦蓝妮这时从另一个房间走了出来。她有着亮丽的秀发，黝黑的肤色和匀称的身材。她的眼睛闪着俏皮的光芒，看我一脸错愕，她开玩笑说："哦，不用担心。因为我家就住波士顿城外，所以开车把所有家当都一并搬来了。"原来如此。我们两人相视而笑。麦蓝妮幽默风趣，我知道我们一定会处得很好。而那张紫绒布长沙发，是日后我们在大考前一边读书、一边啃饼干，并肩作战的战场。不过麦蓝妮比我厉害多了。她是娱乐达人，不仅派对、泡吧样样来，成绩还总高我 1 分。

4.2 找"组织"，莫落单

开学第一天，我收到的第一封信不是哈佛新生委员会寄来的，而是来自于一位陌生的大四学长。

虹文你好！我的名字是乔。我今年大四，来自欧洲，是位钢琴手。

我和同为大四学生的小提琴手依迪丝正式邀请你加入我们的三重奏组合。我主修计算机工程，依迪丝主修音乐，他刚休学一年，从纽约茱莉亚音乐学院返回哈佛就读。

我们听许多音乐圈的朋友提过你，希望能有机会合作。如果你有空，我们下周三可以在科克南学院的大厅视奏练习，为今年的"音乐 180"课程做准备。

之前就听爱德琳学姐信中提过，哈佛大学有一群为数不多的精英音乐家，喜欢合作室内乐。他们拼命努力，希望参加由知名钢琴家列文教授所开设的“音乐 180”顶尖课程。该课程每学期初由教授亲自筛选学生，通过后才能选修。

“音乐 180”课程历史悠久，20 世纪 70 年代曾聘请美国老牌作曲家基什内尔为指导教授。大提琴家马友友也曾选过这门课。

列文教授是我崇拜的音乐家之一。当我正想着如何选修时，学长的邀请信已经到了。

周三来临，我漫步到河边小巧迷人的科克南学院。大一的我一般与同级学生一同作息，现在要认识大四的学长、学姐，到他们的住宿学院，确实有点紧张。

彬彬有礼的乔和热情温暖的依迪丝，马上开门让我进来。马上，一架耀眼的三角钢琴映入眼帘。

“哇，多么古色古香的大厅啊！”我打心底赞叹。

“是啊，我们常常在这里练习，因为依迪丝住在这里。”

“那你的学院在哪里呢？”

“哦，我所住的学院不属于河畔学院。我在方形学院。”

虽然没听懂，但我对学长、学姐在哈佛园以外的生活充满好奇。

我拿出琴来，问乔：“我们准备什么曲目应对‘音乐 180’的考试？”

“拉威尔三重奏如何？”

第一次河畔会面，我们就在拉威尔波光荡漾的三重奏中度过了。

4.3 以琴会友

搬进马修馆后，我喜欢到地下琴房练琴，因为那里安静又没人干扰。

不过有一天，我正在练习匈牙利现代作曲家利盖蒂的大提琴独奏奏鸣曲时，突然听到一阵敲门声。此时正练到慷慨激昂处，我实在不想停下来，迟了一会儿才开门一探究竟。

一个短发、皮肤白皙、戴着无框眼镜，显得很斯文的亚裔男孩，抱歉地微笑道：“不好意思打扰你，我在门外听到你的琴声，情不自禁想认识你。你是张汉娜吗？”

我不禁笑出声，张汉娜是韩国大提琴家。之前听说她也在哈佛上学，不过不知为什么退学了。这个冒失的男孩竟然以为我是张汉娜。

“你看我的脸有那么圆润吗？”

他笑了，然后说：“我是杰克，我高中时在德国跟随鲍里斯·皮尔迦明斯科夫大师学习大提琴，今年大一。”

原来他也是大提琴好手，而且跟随德国名师，背景和我相似。“你好！我也是大一新生，我叫虹文！”

“或许我们在首尔的国际比赛上曾经见过。你知道布莱恩吗？”

“他是我同门师兄，不过那场比赛我没有参加。对，他提过你，他说你拉得很棒，没想到你也来哈佛了。”

“谢谢！我将来主修生化，你呢？”

“我还不确定呢。”

“我的宿舍马萨诸塞馆就在马修馆旁边，待会儿练完我们一起去吃晚饭好吗？”

“好啊，一言为定！不过马萨诸塞馆一楼不是哈佛校长的休息室吗？你们都住二楼吗？”

“是啊，我们之前还跟萨默斯校长吃比萨聊天呢，待会儿带你去认识我们宿舍的朋友！”

马萨诸塞馆是哈佛现今最古老的建筑物，守护着历史悠久的哈佛。因为校长在马萨诸塞馆办公，所以大家总开玩笑，认为被选进那里居住的新生一定都非常安静或内向，那样才不会吵到校长。其实这群人活泼开朗，还为自己取了个“消音器”的绰号。

马萨诸塞馆的学生们有自己的“消音T恤”，大四毕业时还举办了“消音器派对”。因为马修馆和马萨诸塞馆比邻，我很快就认识了住在那里的一帮朋友，我经常过去看电影，开读书会，吃比萨。他们之中有画家、作家、提琴手、文字记者、心理学者、外交奇才和网络珠宝创业家。

杰克来敲门，敲出的是我们一群人在哈佛 4 年的深厚友谊。

4.4 大一专属的魔法餐厅

大一生专属的魔法餐厅是占地 800 多平方米的安纳伯格厅。地下室则是饶有设计情趣的罗克尔公共餐厅，里面有新落成的酒吧、音乐练习室和专供高年级生使用的简餐餐厅。

为什么安纳伯格厅被我们叫作魔法餐厅呢？其实，美国著名作家亨利·詹姆斯在 1907 年的著作《美国景象》中，这样写道："生者得到热情好客的晚餐，死者获取月桂花冠的荣耀。"他将安纳伯格厅比喻为北欧神话中神圣的瓦尔哈拉殿堂。

当年，大文豪爱默生和法学家奥利弗·温德尔·霍姆斯在安纳伯格厅施工期间，就对学校建议：这栋建筑必须象征着永恒高尚的希望之光，让世世代代都能珍惜我们的学术精神和心灵智慧。安纳伯格厅的大门特别厚重，每次走进 1878 年建成的安纳伯格厅，就仿佛在历史中神游，并与哈佛大学的历史名人们一同进餐攀谈。胡桃木镶板、彩绘玻璃、天花板桁架和多色砖墙，组合出无数的几何图案。厅内收集的大量画作和雕塑，让当代哈佛新生有置身电影《哈利·波特》中霍格沃茨餐厅的感觉。

为何只有大一生可以享用？或许因为大一的时光是最梦幻的吧。在安纳伯格厅，你可以静静地在角落里读书吃饭，也可以坐在30人的长桌上与大家聊天。周日的清晨，我喜欢点一杯热巧克力和一盘哈佛烤松饼（上面还有校训“真理”），再淋上鲜红草莓酱和纯白现打奶油。那真是人间美味。

安纳伯格厅

更不可思议的是，能容纳1600人的餐厅只属于大一学生。走进哈佛后，所有的人生魔法都要在这大观园中展开！

第5课

5

认真选课，磨砺“排兵布阵”能力

写作和数学是必修，音乐是我的热情，经济则是待探索的新领域。我要挑战自己，看看成为一个经济学家是否可能。

大一新学期，每个哈佛新生选课前都有数位天使眷顾：除了教务长、新生顾问，还有舍监（proctor）和小保姆（prefect）。“proctor”和“prefect”两个词很像，不过意义不同。舍监都是哈佛应届毕业生，目前就读于哈佛的研究所，对于大学的课程非常了解，能够帮助我们决定主修以及选修的课程，并定期举办宿舍联谊活动。每个舍监平均照顾20位大一新生。舍监住在我房间的斜对门。我在选课之前，除了看《课程纵览》和《哈佛Q》，接下来就是请教舍监。“prefect”则是指大学二年级的小保姆学长、学姐。20世纪80年代初，哈佛学生发现，大一新生和大二以上的学长、学姐因为住得远，所以有距离感。因此，从1984年开始，学校启动了“小保姆项目”，即从几百个申请者中选出60人成为“小保姆”。这些小保姆负责带领大一新生了解哈佛：帮助我们适应大学生活，设计课外活动，探讨读书习惯，介绍不同的主修课程，申请大二以后的住宿学院等。

我的两位小保姆分别是主修视觉艺术的大二学长和主修民俗神话学的大二学姐。学姐不仅有一头蓬松的金发和一对碧蓝的大眼睛，讲话的音调还很迷人。我大四的时候，学姐还代表知名顾问公司回到学校招聘，在我投简历时给我许多指导和鼓励。学长则是一个身材瘦长、戴黑框眼镜的帅哥。后来我们发现，原来一脸正经的他竟然是美国电视实景秀的名人，经常出现在荧屏上。

5.1 拜读选课“圣经”，提前谋划

哈佛规定每学期修 5 门课的学分。但在大一上学期，学校知道新生还在适应环境，为了不让我们课业压力太大，规定新生只修 4 门课。

这时该翻开哈佛大学的选课“圣经”——《课程纵览》了。

现在一切已经数字化。这本厚重的书曾经是 1000 多名哈佛生开学前的法宝。每学期学校开近 4000 堂课，涉及超过 40 项主修领域，所有内容都在这本《课程纵览》里。

除了《课程纵览》，还有另一本稍薄的《哈佛 Q》，英文全称 *Committee on Undergraduate Education Guide*，里面包含历届哈佛学生对课程、教授和助教的评价。评价的最高分是 5 分。

1925 年，《哈佛红报》首次对哈佛生针对大型课程征求意见并汇制成表，这就是《哈佛 Q》的前身。1975 年，哈佛大学出版《哈佛 Q》，并正式告诉学生：“你们的声音会被听见与重视！”

在《课程纵览》中找到心仪的课程后，我就去翻《哈佛 Q》，看看前辈们对这门课和教授的评分。如果这门课拿了 3 分，我就会仔细考虑为什么这门课分数低，是教授的问题，还是选课时参与的人数太少难统计的问题。分数不能代表一切。但如果课程总分在 4.5 分以上，我就会细看哈佛生对任课教授、课业压力、课程规划和助教能力的详细介绍。

有时，一门课的分数很高，但是今年教授换人，那么我也会考虑是否选修这门课。

5.2 欢乐选课

读完《课程纵览》和《哈佛 Q》有了心理准备后，最重要的时刻来临了：选课周！

这是哈佛独一无二的招牌，也是我的最爱。每学期第一个星期，所有课程都敞开大门，欢迎每位学生——不论主修和年级——前来聆听“选购”。

包括“哈佛园考古”“文化与美食”“幸福心理学”“爱

因斯坦的世界”等在内的每门课都任君挑选。中途想“翘课”也无所谓，整个校园像在玩大风吹游戏。讲堂可能空无一人，也可能人满为患。

有人认为选课周很浪费时间，早早就选好课。有人眼看注册要截止，还拿不定主意，就印了 6 种不同的课表，请舍监和学科顾问帮忙选。哈佛选课规划的最高纪录是有人在一周内逛了 201 堂课。

对我而言，选课周最大的挑战就是排课表：有时一个上午我要去听 5 堂课，其中有的在科学中心，有的在巴克中心，有些课冲突，要如何取舍都是挑战。选课周开始前，每个哈佛生都会当低头族，精心研究安排这一周的“上课行程”。每学期初走在偌大的校园里选课，真是大学生涯的一大乐事。

5.3 台球桌上的数学家

高中就热爱数学的我，满心期待数学能够被分到好一点的班级。上了哈佛，考完数学测试后，我被分到“数学 1B”（微积分）。

这不是最差的班，也不是最好的班。数学系的高才生全部挤进数学 21、23、25 或 50 等课程。我知道自己与数学天才相距甚远，只能安分守己地乖乖上 1B。

第一天上课，一位年轻帅气、理着小平头、穿着蓝色牛仔裤、身材壮硕的型男走进课堂，马上在黑板上书写起来。所有同学面面相觑，心想怎么会有这么年轻的老师，是开玩笑吧。

原来型男老师是加拿大籍华裔，禀赋优异，很早就念完博士。他之前在纽约哥伦比亚大学任教，此时是他来哈佛的第二年。他有点酷，不爱说话，不像以前高中的皮尔斯先生那么和蔼，所以我一时不敢向他提问。

正当我被参数曲线的弧长搞得晕头转向时，大二的小保姆学姐告诉我可以到罗克尔求助。我狐疑地想：“罗克尔不是餐厅吗？”

我充满好奇地来到科学中心旁的罗克尔。这里在夜晚仍是人山人海、灯火通明，热闹得像高雄的夜市。这里有学长、学姐义务相助，为我这样茫然的羔羊指点迷津。

一转身，我意外发现，在公共餐厅一角的台球桌旁，型男老师竟然神闲气定，以一副职业选手的样子在打台球。原来老师除了教数学，还是台球高手，每天晚上会放下架子，和大学生比拼台球，打进好球时他还会开怀大笑。

我内心一阵欢愉，皇天不负我也。日后若有难题，我就拿着数学课本，移步到台球桌旁。老师常常赢球，心情大好时就愿意回答我的问题。

“老师，谢谢你，让我课余在你喜欢的台球桌旁还可以问问题。请问有没有类似的模拟考题目可以让我们多练习？”

“好，下周请助教公布上网。”

几次下来，我还敢跟老师开玩笑：“老师，下次作业要不要出一道台球题呢？”

学期结束，我依旧不会打台球，但是我顺利完成1B课程。成绩好到不仅可以当小助教，而且下学期还升入“数学21”，这都要感谢型男老师的帮助。

5.4 哈佛生的选课金三角

每个哈佛生都必须修满7个学期的通识学分、一年的外语以及主修规定的必修课。

由于大部分新生都还不知道主修会选什么科系，因此学校规定大一下学期开学前填报主修单即可。有些人甚至到大二大三换主修都还来得及。在没有主修的限制下，学校会先问我们：

· 你是否想作为交换生出国一年？如果想，那么就多选一门外语课。

· 什么样的课程会让你的大一生活更精彩？

· 你喜欢操纵数字，还是喜欢做研究？

· 你喜欢社会人类学，还是喜欢分析艺术？

·选修经济学可以，不过你的数学怎么样？

这些很基础的问题，其实都在帮助我们培养自主性，以及在新环境中规划哈佛学习生涯的能力。有些大一学生心志坚定，要去医学院，那么他们大一时就会专修化学、生物和数学这些基础课程。有些学生完全不知该修什么，那么学校就会建议触类旁通，选修很多不同类型的课程，来探索最有兴趣的领域。

舍监给我的建议到大四还受用，即哈佛选课最重要的是维持金三角平衡原则：有些课是学校规定的必修课，有些课是纯探索，而有些则是热情使然。

由于中文和音乐乐理考试通过，一门外语和一门通识我不用修，便有了更多的选课空间。以我来说，写作和数学是必修的两科，音乐是我的热情，那什么领域是我想探索的呢？

大一选课周最后一天，答案揭晓。我的第四门课是“微观经济学 1010A”。我即将开始挑战经济学。

选课金三角平衡原则：大学 4 年都受用

有些大一学生完全不知道该修什么，学校会建议触类旁通，选修一些不同类型的课程，来帮助学生寻找最有兴趣的领域。金三角平衡原则是我大一舍监给我的建议，到大四还很受用。

1. 必修：学校规定的必修学分。
2. 探索：探索新领域，挑战自己的其他可能性。
3. 热情：自己的兴趣所在。

第6课

6

写作课并不可怕，不能面对失败才可怕

自1636年哈佛大学创校至今，不论本国外国，
每一名哈佛的学生都必须选修写作课。

美国作家纳撒尼尔·霍桑说过一句名言："阅读容易，写作难。"通过高中3年的学习，我以为我的英文写作已经驾轻就熟。然而，哈佛的写作课才让我深切领悟到霍桑这句话的真意。每年哈佛新生一进哈佛大门，都必修"英文写作课"，简称 Expos（Expository Writing），即说理写作。这是哈佛大学自创校起便延承下来的传统。我当时想，申请学校时写的自传让我顺利成为哈佛人。为什么还要教我英文写作？这门课一定是个很容易打发的课程。

很快地，我感到情况不妙，先前的想法真是大错特错。Expos 是所有大一的哈佛学生共同的梦魇。

开学第一个星期，课上先测试每个人的写作能力。不少国际留学生，甚至美国本地生，洋洋洒洒地写完整篇应考作文，最后却被刷下。假如测验没有通过，大一上学期就要上低一级的 Expos 10 课程，大一下学期再补修正规课程。等于这些学生要比其他人多修一学期。

开学前，我坐在宿舍，望着窗外难得静谧的哈佛园，

低头看着作文试题凝思：“天啊，千万不要让我丢脸到连作文测试都没通过，悲惨到要上两个学期的写作课。”

写作考试当天，我竟然生病了，肚子痛到没法考试。舍监特意来看我，怕我没有东西吃，做了一个花生果酱三明治给我。身体舒服一点后，我前去补考，走迷宫似的穿过老旧的伯伊斯顿馆、人潮不息的马萨诸塞大道、雷蒙特图书馆和艺术区，终于到了偏远的写作中心。

考试时我的心里七上八下。我交卷后，写作中心的老师马上批改。成绩公布：我通过了！可以上高级写作 Expos 20！

6.1 写作课的难度超乎想象

Expos 20 写作课有 20 多个方向可选，包括“印度哲学写作”“美国政治运动和司法”“如何诠释简·奥斯汀”“现代戏剧”“诗词文学的极致”等，应有尽有。写作课就像五花八门的甜点，让我大饱眼福。

学校鼓励学生依个人兴趣选课。喜欢文学小说的人可以选简·奥斯汀，喜欢演戏的人可以选现代戏剧。所有通过测验的学生被随机分配后，每门课只有 10 人。由此可见，写作课的重点不在于课程主题，而在于学习如何下笔。

我选择了以英国记者作家乔治·奥威尔为主题的写作课程，因为我非常喜欢他的名著《一九八四》。

课表上标明了教室的位置，我好奇地找到这间神秘的教室。它在安纳伯格厅的楼梯顶端、尖塔之下，那儿可俯瞰整个安纳伯格厅。在如此奇特的地点讨论这部略带讽刺的政治寓言，真是再适合不过了。

本来以为 Expos 就像高中的 AP（英国文学课程）一样：读好书，写报告，期末大考决定一切。事实恰恰相反，哈佛的 Expos 没有期末考，成绩完全由上课出席次数、发问记录和读书报告决定。作业包含短篇读书报告、期中中篇报告和期末 10~15 页的长篇报告。

第一次短篇作业的题目一出来，我的心就凉了半截：

请指出《一九八四》中，你认为与小说主题或议题相关且值得讨论的问题有哪些，并请提出重要佐证。请对文字内容加上两三句评论。

这什么意思？我还没上几堂课，写的也还不是真正的读书报告，只是篇幅极短的文章，就要我自己评判小说主题，还必须用书中的内容加以验证。到底什么才符合老师要求的佐证？什么命题才值得讨论？标准在哪里？

我想了很久，想破了脑袋也想不出怎样写这篇值得讨论的极短篇。我苦苦等待，盼望灵感突然降临。Expos 真是令我这个不服输的外国学生头痛不已的课程。到了大三，我才渐渐体会到 Expos 教我的 4 个思辨技巧有多重要。

6.2 写作第一步：寻找命题

哈佛大学认为训练写作能力，就是训练思辨表达能力。注重写作能力的原因在于，不论何时何地，拥有优秀的写作和思辨能力不仅是必需，更是优势。

Expos带给我最大的改变是学会了找命题。选题是写作的灵魂，有了它就值得写下去，没有就不值。每堂课后，同学们与教授的讨论总是围绕命题够不够睿智，是否深邃，能不能引发争辩而展开。报告要高分，不但取决于风格，还取决于发人深省、耳目一新的命题。

写作课上，老师举了一个例子，这个例子便是讨论夏洛蒂·勃朗特的名著《简·爱》。

写作能力即是思辨表达能力

学校认为训练写作能力，就是训练思辨表达能力。哈佛大学注重培养学生的写作能力，因为不论何时何地，拥有优秀的写作和思辨能力不仅是必需，还是优势。

表面上来看，简·爱的婚姻提升了她的社会经济地位，使她这个穷苦孤儿能和丈夫平起平坐。两人性灵契合，爱情超脱世俗。他们却因碍于婚姻模式的枷锁，让其原本脱离社会制度的平等关系慢慢变质。

这个命题令我咋舌，不但新颖，而且具有一定的争议，值得再读下去。

假如文章只写“简·爱的婚姻使她和丈夫的社会地位获得平等”。这是陈述事实，也不值得探讨。

确定命题是结果，写说理分析文在乎的是论证的过程。千万不要找一个正反面都没有办法论证的命题，那类文章注定平淡无奇，没办法胜出。教授可以不同意你的看法，甚至持反对意见，但是只要论证有力，教授还是会给 A。

其实写文章和表演音乐很类似。我们评判表演，只需听表演者拉两三个音就大概知道他的实力和演奏的音乐性。同样，教授一看第一段就知道文章有没有可读性。

大一上写作课时，最紧张也最刺激的是交报告之前同学之间分享各自的命题。大家表面聆听，其实都在暗中较劲，希望自己的命题能够出奇制胜。

找到一个好选题，就好比挖到一座金矿。

命题练习：占领华尔街

若要讨论这个事件，就要提出值得争辩的命题。

1.“美国‘占领华尔街’发生地在纽约”算命题吗？不算，这只是一个事实。

2. 那么"'占领华尔街'之所以吸引大批支持者，是因为美国人终于开始追求正义"。这个命题较具争议性。但缺点是，正义的论点会变成到底要不要追求正义。

3. 假如改成"'占领华尔街'之所以开始吸引群众，是因为长久以来美国指责他国的盲点，现在美国人自己也犯下同样的错误：权贵资本主义挂帅"。这个命题就铿锵有力，可以争辩，也可以验证，就是一篇好文章的开始。

6.3 写作第二步：证明

找到命题，接下来就要支撑命题，证明其论点。

写一篇说理分析性文章，就好比做一道迂回的数学证明题，必须用严谨的逻辑思考，一丝不苟地把文章串联得十分紧密。命题是火车的引擎，后面一串接一串的环扣就是证明。一定要逻辑清楚，确定第一节车厢不要接到第三节车厢，最后一节车厢不要接到第一节车厢等。

像前面"简·爱的婚姻"命题一例，要证明这样庞大复杂的命题，就要一段一段引经据典，举例验证。即可以先探讨婚姻和爱情、婚姻和社会经济地位的关系，再谈婚姻制度对女性和男性的冲击，进而讲平等的真义等，最后再总结论述：简·爱的婚姻到底是不是让原本平等的爱情关系变调。

再好的命题若没有验证，有头没尾，缺乏说服力，也不会被采纳。绞尽脑汁想出一个完美无瑕的命题，结果例证零零落落、无法对应，也是空谈。有时，文章证明到最后才发现，原本的命题行不通，那就只好把命题倒过来写。为了避免这样的情况，最好在写文章之前，将书本仔细读透，搜集文本论据并统一梳理，就不会有此困扰。

上完一学期的写作课后，同学们就喜欢互相开玩笑。大伙儿一起吃饭时，随便说一句什么大道理，听起来有可辩性，马上就有人挑战，鸡蛋挑骨头，学写作老师睁大一双圆眼：

“你提出这命题，那要怎么论证啊？”

假如无法验证，哑口无言，就会引来哄堂大笑。假如命题好，举例证明也充分，那么晚餐就会在洋洋得意中度过了。

在老家的电视节目上，我经常看到主播或评论嘉宾抛下一些空洞的大议题，却完全不举证说明。这些人要是到哈佛，在餐厅吃饭时就会被大家讨伐了，哪里还上得了电视？

6.4　写作第三步：作评判

严厉的自我批判不仅能将个人逻辑思考能力打磨锐利，

更能将文章擦拭得毫无破绽。每次交报告，我们都会当自己最忠实的裁判和最无情的评审员。

每篇 5~10 页的 Expos 报告共有 3 次改写和呈交机会。只要时间允许并提出特别要求，老师还会给机会让学生重写。

写作老师会问：“这是最好的文章吗？用词准确吗？构思清晰吗？选题新颖吗？每一段论证的过程还有漏洞吗？”总之，一篇没有好命题、好论证的报告，拿回来绝对惨兮兮。Expos 写作老师评分非常严格。同学中不乏诗人、文字工作者、记者和作家，他们都不一定能拿到 A。

哈佛的写作中心有学长、学姐帮助我们。开始写作前可以到写作中心头脑风暴一番，寻找出奇制胜的命题，一击中的。快要大功告成时，再到写作中心求助：选题是否令人心服口服，文章逻辑铺陈合不合理，论证过程是不是流畅，头尾有没有一气呵成。

为了一篇文章，费心费力，精益求精。这让我想到一句广告词“没有丑女人，只有懒女人”。爱美的女人就是要花很多时间美白护肤，保养上妆，整体造型。写作过程其实就跟打扮一样，要打磨出优秀的文章就要用心，每一步骤都要斟酌再三。即使自以为完美的文章，也要尽可能地再提升 20% 的质量。

6.5　写作第四步：构思布局

写作和思考是一体两面。法国哲学家笛卡尔说：“我思故我在。”美国著名作家琼·狄迪恩说：“我在脑中思考的理念构想，假如没有写下来，就如同没有想过一样。”可见，文字写作和逻辑思考相辅相成。好的思维需要好的写作能力来表现，好的写作也需要好的思维能力做后盾，两者密不可分。文字运用充其量只是工具，有了优秀的构思理念才能铺陈布局。

哈佛的写作老师总是建议大家写文章时，尽量给自己充分的时间，才不会急得没有办法思考。不周全或不成熟的构思，只会导致写出来的文章无法令人信服。

老师曾特别推荐一篇评论美国黑人人权运动领袖马丁·路德·金的高分文章，第一段就足以证明构思的重要。

作者为了呈现命题，费尽心思铺陈。先谈到马丁·路德·金的声誉、理想、成就以及对于种族不平等问题的看法。他忍人所不能忍，提倡不付诸暴力的抗争运动。接着话锋一转，作者在中段点出马丁·路德·金对于自己提倡的运动产生怀疑，认为没有真正去除白人黑人之间的不平等。作者引用了马丁·路德·金的文章片段，最后才把具有极大争议性的命题完整呈现出来。

文章的最后一句话正中要害，扣人心弦，是一个挑战世俗观点，提出反方向思考的命题：“马丁·路德·金在生命行将结束时写的文章中，字里行间已经丧失他原来提倡用非暴力追求平等的无限信心，而这信念的丧失是我们很少公开承认的。”这篇文章的命题如果是“马丁·路德·金为民主进步付出了最大的努力”，不可能得高分。因为这是人人皆知的事实，没有思辨性。

这样的结构，要花多少时间构思？显然，这样的文章不可能一蹴而就。能将整篇文章的来龙去脉、架构、重点和议题巨细无遗地铺陈，使老师看完第一段，就大概知道这篇文章要说些什么，再读下去没有任何疑惑，这就是写作课中分析写作（Analytical Writing）的上上品。

构思布局的重要性

这篇评论马丁·路德·金的高分作文，从开头第一段，就足以证明构思的重要性：

“提到马丁·路德·金的形象，似乎无可争辩：他是一位有理想，主张非暴力抵抗、有耐心及愿意救赎的人权斗士。在某种意义上，这位领袖拥有超人的自制力、神一般的智慧及无限的爱。也正是这些特点，使他成功领导人权运动，改革美国根本的法律制度和社会框架。但他延续下来的此种形象，让我们忽略了一个关键事实：在他晚年的著作中，他开始质疑他的耐心及对兄弟友情的立场。1958年，他曾主张对未来深信不疑及全民享有自由平等的民主理想；在10年之后他对非暴力反抗更是退让一步，已不如以前坚定，认为他的信念必须重新沙盘推演。马丁·路德·金在生命行将结束时所写的文章，字里行间丧失了他原来提倡用非暴力追求平等的无限信心，而这信念的丧失，是我们很少公开承认的。”

引自《哈佛写作杂志》

6.6 不怕失败

为了赶Expos报告，我曾经放弃朋友好不容易买到的柏拉图剧院的莎士比亚戏剧票。凌晨皎洁月光下，还在马修馆拼命写报告真是令人苦闷至极。我宁可白纸黑字幻化为外面的积雪，隔天扫除一空，干干净净。

学期结束，我的总成绩没有达到我的目标。付出那么多，我有些气馁。不过我鼓励自己，Expos的滑铁卢会是我在哈佛唯一的“不佳表现”。

4年后，我果真实现了对自己的期许。Expos的影响是长远的，不在一朝一夕，因为 Expos 的训练彻底转变了我的英文写作和思考能力。写作课让每个哈佛生毕业后都能当写手，都学会如何选择命题、思辨和证明。

写作课的四大要点

1. 选择命题：命题是写作的灵魂，思路清晰的命题事半功倍。命题必须足够有力，可争辩，可论证。不能引发争论的命题就不是好命题。

2. 证明：支撑命题，证明论题，一段一段环环相扣，逻辑清晰。

3. 自我评判：严厉的自我批判能磨砺个人的逻辑思辨能力，每一个步骤都要琢磨再三。

4. 构思布局：文字写作和逻辑思考相辅相成，优秀的构思理念才能铺陈布局。

第7课

7

利用顶级教育资源，充实头脑、洞悉世界

哈佛的学习不仅丰富了我的人生，更让我深入了解我们居住的世界，重新思索我的信仰和基本价值观。我能够更有创造力、想象力和敏锐度，去洞悉个人和群体生活中可能发生的大小问题。

哈佛生中广为流传着一个笑话：念大学孜孜不倦、每科都拿A的，以后大概就是读博士当教授。每科都拿B的，以后有机会当律师或进大公司上班赚钱。每科都拿C的，未来一定当大老板，如果直接退学创业，应该会成为亿万富翁！

玩笑归玩笑。我大一时就发现，学校里还是有几类人非常在意成绩高低的：

1. 准备念医学院的人，GPA（平均总成绩）一定要高。

2. 准备申请哈佛研究所或留校念博士班的人，GPA一定要高。

3. 准备去顶尖的银行或顾问公司的人，GPA要3.5以上。

迷茫的我到哈佛来找寻人生的方向，完全不知道4年后会发生什么。不过，经济系的学姐说过，她毕业时一定要拿到“极优学业成绩”荣誉毕业奖，那是美国前国务卿希拉里·克林顿得过的。听到学姐的志向，我决定有样学样：大一时就立下了志愿，一定要拿到经济学的极优学业成绩荣誉毕业奖。每一门主修，计算毕业奖的方式都有所不同，但是大多取决于：

1. 总成绩和主修科目成绩。
2. 毕业论文分数。
3. 毕业大考分数。

哈佛荣誉毕业奖

荣誉毕业奖分3种：成绩排名前4%~5%的学生被授予最高荣誉最优学业成绩（Summa Cum Laude），前15%的学生被授予极优学业成绩（Magna Cum Laude），前30%的学生被授予优等成绩（Cum Laude）。

哈佛每学期的期末大考，场面都十分盛大。首先，哈佛大学校历上的开学时间比其他学校晚，所以上学期的期末大考总是落在圣诞节假期后。1月初回学校，考完期末之后，在1月底再放为期一周的期中假。可以想象，我们何其煎熬：放假不能好好休息，在家读书又效果不好，痛苦无比。对留学生而言，假期那么短，干脆留校读书，不回家了。舍弃假期，放弃和家人团聚，伴随自己的是剑桥冬天凛冽的寒风与查理士河上茫茫的雾雪。

新年返校后，我们可以不眠不休地温书两周。这是学校给我们的莫大恩惠，因为这两周教授不能排课，顶多上温习课程，得以让每个学生好好读书、写期末报告或准备大考。工欲善其事，必先利其器。温书若想达到最高效率，就要各凭本事进图书馆占位！

7.1 图书馆看书去，应对期末大考

第一天返校，我们每个人就像准备冬眠的熊，开始寻觅温书的好地方。不过不是冬眠，而是“冬读”。

许多人选择的是大学生专属的雷蒙特图书馆。它由传统红砖建成，外面放置了雕塑大师亨利·摩尔的作品。图书馆内明亮舒适，24 小时开放，还有咖啡店供应热饮。当看到同学穿着类似睡衣的舒适衣服，推着行李箱，打开雷蒙特图书馆的玻璃大门时，我就知道这个人准备在雷蒙特一天一夜不睡了。因为念书念到凌晨时分，走回宿舍实在太冷，很多人干脆就通宵读。

如果占位太迟，温书期间可就有苦头吃了。我曾经绕

整个雷蒙特图书馆五六次，都找不到一个座位，只好悻悻离去。

2007 年开始，有人专门在网上开设了名为“你在雷蒙特读书无聊吗？”的匿名留言板，给看书快看不下去的人提供一个发泄的空间。5 个月后就有了 170 000 条留言。即使身在哈佛，徜徉书海何尝不是件苦差事。

学生在雷蒙特图书馆看书的情景

在图书馆学习的好处是温书痛苦时会有那种“德不孤必有邻”的慰藉感。不过，定力一流的同学还是会选择留在宿舍苦读。半夜走过校园，看到每个房间都还灯火通明，更激励了我的上进心。哈佛有个传统，就是学生们在大考前一天会在零下 20 摄氏度的户外绕哈佛裸奔，还不时呐喊。这象征着不管在学习路上有多少困难，我们是竞争对手，更是互助伙伴。

另外一个可供选择的看书地点则是哈佛的地标建筑物——威德纳图书馆。它以其杰出的建筑设计成为哈佛的精神堡垒。不过我难得去威德纳图书馆读书，因为它过于宏伟撼人，只为写“阅读黑格尔”的报告还不足以坐进去。

威德纳图书馆以其杰出的建筑设计成为哈佛的精神堡垒

当雷蒙特图书馆太拥挤时，我寻寻觅觅，开始哈佛图书馆巡礼。我们几个死党踏遍了每一个住宿学院的图书馆，寻找温习天堂。燕京东亚图书馆的阅览室很早就会关门，不予考虑。亚当斯学院的图书馆半夜会提供神秘点心，暖心地犒劳刻苦的学生们。哈佛法学院的图书馆幽雅静谧，读累了有棋盘可以下西洋棋，让脑筋转个弯。商学院的图书馆很气派，但走路去太远了，大考期间可要分秒必争。

最空灵的图书馆藏身在政治系地下室，即饶富诗意的Fung图书馆，颇有“众里寻他千百度，蓦然回首，那人却在灯火阑珊处”的东方韵味。

直到今天，我依然深深怀念哈佛各式各样的图书馆，怀念冬天彻夜未眠的温书日子。

7.2 博雅教育，构建认知体系

大一选主修之后，我的经济主修课程约占总学分的1/2，学校规定的通识课程和自由选修课程各占1/4。

如果主修为科学理工，通识课程就要修文化、推理和历史等课程；如果你本来主修就是偏文科，那么你就要上物理学、生物科学、实证和数学推理等课程。学校建议每学期四五门课最好要有两三门主修、一门选修和一门通识。

有些同学会把通识课程当作交差了事的课，经常抱怨通识课程很无聊。这点我完全不同意。每个学期，我都花很多精力和时间去寻找我的通识课，它们甚至是我最津津乐道的课程。

哈佛大学的通识教育

2009年后，通识课程分成下列8项：

Aesthetic and Interpretive Understanding(美学)

Culture and Belief(文化和信仰)

Empirical and Mathematical Reasoning(实证与

数学推理）

Ethical Reasoning（道德推理）

Science of Living Systems（生命系统科学）

Science of the Physical Universe（物理宇宙学）

Societies of the World（世界各地的社会）

United States in the World （美国与世界的关系）

为什么我要花那么多时间去计划我的选课呢？因为我觉得每一门课都像圣诞节包装好的漂亮礼物，让我兴奋不已。即使是学校规定的通识课，我也不想浪费。

何况通识的指导教授都是各领域的佼佼者。我在文学艺术课上可以研读翻译理论、比较文学和元末昆曲；历史研究课上分析越战，试演俄国剧作名家契诃夫的剧本；科学课上学天文。生化课的教授还是哈佛医学院的大牌学者。

为了这些课程，我读了约翰·德莱顿和瓦尔特·本雅明的翻译理论；徜徉于黑格尔和阿多诺的美学世界；参考伍尔夫、博尔赫斯和塞万提斯的文学作品；还研读存在主义哲学大师让-保罗·萨特的作品《禁闭》。

虽然这些课程跟我的专业——经济或音乐——完全无关，但是哈佛相信博雅教育才是大学教育的王道。大学期间，学生应该能够自由自在地学习、发问和探索，不用担心所学是否适用，是否与未来从事的职业有直接关联。

哈佛的学习不仅仅丰富了我的人生，更让我深入了解我们居住的世界，让我意识到个人的偏见，重新思索我的信仰和基本价值观，使我更有创造力、想象力和敏锐度，去洞悉个人和群体生活中发生的大小问题。博雅教育让我在这个人生阶段没有时间束缚和精神压力，也没有后顾之忧，是一段学习、反思、改变和追寻自我的真正的成长之旅。

第8课

8

到大师圈子里磨炼，方能保持自身优势

我总希望挑战自我。我要找出一条自己的哈佛音乐路！我要当不主修音乐的音乐人！

我在哈佛缺少来自音乐学院的同学激励，也没有单一乐器的指导老师。同时必须应对沉重的课业，还要在时间管理上进行着数不清、分不明孰轻孰重的拉锯。因此音乐演奏者在哈佛必须自立自强。

但总会有那么一小群志同道合的音乐人希望沿着伯恩斯坦、列文和马友友的道路匍匐前行。

我们总会在每周一晚上 7 点到 10 点的“音乐 180”课程相聚。这是我们共同的家，家中的大家长是赫赫有名的钢琴家列文教授。

我和乔学长、依迪丝学姐组成的钢琴三重奏，通过考试筛选，顺利进入列文教授的课程。其他被公布录取的组合有小提琴、钢琴二重奏和弦乐四重奏等。校内的佼佼者，诸如从纽约茱莉亚音乐学院转来的钢琴手、中提琴手以及波士顿当地优秀的小提琴手，也都在录取名单上。

哈佛在 1862 年聘请美国作曲家约翰 · 潘恩为音乐教授后，设立了全美第一个音乐学系，培养出埃略特 · 卡特等杰出的美国本土作曲家。二楼的音乐厅以潘恩命名，和波士顿交响音乐厅为同一音响设计师所设计。

每年的“音乐 180”期末音乐会都在潘恩厅举行。这里拥有明亮的落地窗，前舞台和侧壁上镌刻着历史上著名作曲家的名字，从蒙特威尔第到德彪西总共 26 位。由此可见，潘恩厅见证了几百年音乐的传统。

在潘恩厅演出时，只要我看到贝多芬的名字高挂在舞台正中央，心里就会升起一丝欣慰和惆怅。流芳千古的音乐家终而化作音乐厅中 9 个字母的铭志。对比看来，在音乐的浩瀚宇宙中，我们是何其渺小。

8.1 师从传奇人物列文教授

接掌“音乐 180”课程的列文教授，其本人就是个传奇。当年他在哈佛大学主修音乐，为莫扎特未完成的《安魂曲》和《弥撒曲》谱曲，其论文还获得音乐系荣誉奖。他毕业那年，正是越战战况最惨烈、全美人心惶惶时，他不知何去何从，认为自己会被征兵到越南打仗。

有一天，列文一如往常，步行至哈佛亚当斯学院宿舍的信箱前，没想到竟收到一封聘书。费城的柯蒂斯音乐学院邀请他担任音乐教授，负责“乐理课程”。信中的署名是柯蒂斯音乐学院院长，20 世纪诠释贝多芬作品最著名的钢琴家鲁道夫·塞尔金。

列文不敢相信他的眼睛，他只不过是哈佛大四的学生，竟会被柯蒂斯聘为教授。原来，少年列文曾到巴黎拜师一年，跟全世界最有影响力的法国音乐教育家、作曲家娜迪亚·布朗热学习音乐理论和演奏。这期间，他们建立了浓厚的师生情谊。由于布朗热的极力推荐，列文一毕业就到柯蒂斯音乐学院担任该校最年轻的乐理部门主任。

列文发表过无数莫扎特协奏曲的装饰奏，兼具独奏家、作曲家、教育家和音乐学者的身份，这在当今音乐界相当罕见。研究巴赫的著名学者克里斯多夫·沃尔夫担任哈佛音乐系主任时，邀请列文回哈佛任教，身为校友的列文义不容辞地回到母校。

在音乐大师列文教授的课堂上（左一为作者）

他曾告诉我们："身为一名音乐教育者，没有什么比回到哈佛教育英才更重要。这不仅仅为培育下一代的音乐人才，更为了陶冶那些同在哈佛的非音乐主修学生，让他们知道音乐艺术于人生之重要和美好。”

8.2 结识作曲大师怀纳教授

“音乐 180”的另一位大师，是居住在波士顿郊区的耶胡迪·怀纳教授。怀纳教授是当代知名作曲家，受列文教授的邀请，他常回哈佛指导我们。

虽然已 84 岁高龄，但怀纳教授说起话来中气十足。他常笑说自己因为爱用大锅煮中国菜，所以才那么健康。他也很喜欢请我们吃中国菜。音乐会结束后，他总开玩笑说：“学生不会记得老师教什么，只会记得老师请他们吃过什么好吃的菜。”

他的钢琴协奏曲受到列文教授的极度推崇，曾由列文教授亲自担纲新作首演。列文教授说：“知音难寻，身为一个当代音乐人，我一发现好的作品，就会不遗余力地支持和推广。好的作品需要适当的诠释，才不至于被埋没。”

为了感谢列文教授支持他的作品，怀纳教授创作了《交钥匙》钢琴协奏曲献给列文教授。因为列文教授和波士顿交响乐团的精湛演奏，怀纳教授在 2006 年获得普利策音乐奖。

8.3 哈佛音乐课，打破传统教学模式

“音乐 180”不仅包含周一晚上 3 小时的大师班，还包含室内乐指导课程、期末报告以及期末演出。

大师班要求每个人必须买每一组室内乐总谱，并事先研读总谱。每一组室内乐表演时，在场的同学除了聆听，还必须在结束后尽可能多地给予建议。期末时，我赫然发现购买的乐谱竟比经济学的书还多。

学生分享心得后，列文教授会上台作曲式分析和指导。一开始，习惯于音乐学院教学风格的我，无法认同教授的指导方式。如果在音乐学院演奏完，老师一定会噼里啪啦地从技巧开始讨论，比如这个音不准，那段要怎么练，这句用什么弓法指法，那个音色要如何用身体动作搭配，以及如何改进与钢琴演奏的方式等。

列文教授完全不谈技术层面的问题。他喜欢专注于作曲家的初衷，针对曲目本身的结构作分析整理，这让我完全不知所措。他不把学生当学生，而用对待音乐家的态度对待我们。上课结束后，他会用个人时间对学生真诚指导，毫不吝啬。他会被普契尼歌剧《波希米亚人》最后一幕的 D 小调和弦深深感动，在我们面前一边讲，一边眼眶泛红；也会和我们一起，在钢琴前花三四个小时，抽丝剥茧地研究贝多芬大提琴奏鸣曲的一个乐章，欲罢不能。

他对我说："你不再是一介拉琴的乐匠，一个被老师拉坯成型的模子，再做出的完美复制品。你是独立的思考个体，一个对音乐负责的艺术家，一个有诠释想法的再创造者。如何拉好琴是你的本分，不是我要教导你的范围。你接下来要更成熟地面对你的音乐。"

列文教授的话让我如梦初醒，原来比赛得名，单纯追求器乐技术炉火纯青，根本不是列文所向往的。他不要训练一个大提琴家，而要培育一个会发挥所长的音乐家。

有趣的是，列文教授说他一生中听过最棒的赞美来自他的老师布朗热。有一年他回到欧洲举办音乐会，年迈的布朗热来捧场，听完后，给列文教授一个大大的吻，说："你跟我学习时才十几岁，当时我就看出你的才华。我深信你将来必定是一个成功的音乐家。这场演奏会后我知道了，你终于靠自己的力量成为一位钢琴家。"

小结

列文教授说："你不再是一介拉琴的乐匠，一个被老师拉坯成型的模子，再做出的完美复制品。你是独立的思考个体，一个对音乐负责的艺术家，一个有诠释想法的再创造者。如何拉好琴是你的本分，不是我要教导你的范围。你接下来要更成熟地面对你的音乐。"

面对音乐是如此，面对其他课业也是如此。
这正是哈佛教给我的人生态度。

每次回忆起这段师生情谊，我仿佛看到已值花甲之年的列文教授，脸庞正不自觉地浮现出16岁少年的腼腆和欣喜。

8.4 音乐人和经济人

期末音乐会，拉威尔三重奏从第一乐章的轻柔、第二乐章的跳跃、第三乐章的低吟到最后乐章的气势磅礴，印证了我在“音乐180”的成长。

演出后，习惯身边有老师的我只惦记着列文教授会有什么建议和想法。因此许多朋友来向我道贺，我都低头微笑。

我曾认真思索是否主修音乐。因为列文教授自己也是音乐主修，“音乐180”的许多同学为了能够专心练琴演奏，即使大一大二选修了心理学或生物学，最后也会转回来主修音乐。

犹豫期间，我特意到音乐系考试。音乐主修必修的两门大一大二乐理课（Music 51和Music 150），我都轻松过关。如果我选音乐当主修，想必课程对我来说应付裕如。加上“音乐180”的学分，或许我3年就可以毕业，第4年再拿一个硕士（哈佛的制度，3年获得学士学位的学生，可以在第4

年直接攻读硕士）。

音乐系史斯图尔特教授测试完毕，将钢琴盖合上，说了句恭贺的话："你的程度可以跳级了！欢迎你加入音乐系的生力军，成为一名优秀的音乐主修！"

可是不知道为什么，我总听到有个微弱的声音呼唤着我。最后，我直截了当地告诉他："教授，我决定了，我还是不主修音乐了。"

他吓了一跳，问道："为什么？"

"因为，我要找到一条适合自己的哈佛音乐路！我要当不主修音乐的音乐人！"

第9课

9

不做井底之蛙，从社交开始

看看你的左边，看看你的右边，你要学习的对象都在你身旁。

一开学，萨默斯校长就告诉我们：“哈佛是你人生的里程碑，你不再有父母为你负责任，你必须为自己负责。慢慢地，你更要学会为世界负责。”

“我对你们的另一重大期许是，希望你们在座的每一位都能跟身边的同学建立一生的友谊。相互学习，亦师亦友。”

果然，如同孔子说“三人行，必有我师焉”一样，2500年后哈佛校长也如是想。

我住进马修馆，发现楼下的邻居竟是之前在音乐节上合作过的小提琴手。我们两个相认时异常兴奋，因为她跟我一样也是延期就读。不过她选择到纽约茱莉亚音乐学院学习一年，刚刚回到哈佛的怀抱。

高中时期的她，人长得又高又漂亮，样样出色。她曾连珠炮般地告诉我，她一定要申请上哈佛、普林斯顿、哥伦比亚、茱莉亚和耶鲁。结果她真的收到了以上5所学校的录取通知书，真是异常优秀。

我们聊天不到 5 分钟，她就一脸紧张地问我：“你要选什么课？你要主修什么？我决定好了，我要双主修医科和经济，而且我要继续比赛，四处演奏。我 5 门课都选好了，包括让所有哈佛生吓破胆的有机化学。”

“什么？ 5 门课！学校不是规定大一新生第一学期只能选 4 门课吗？”

“对啊，我是向大一新生院长特别申请才获特例的。”她一脸得意。

“你有去考‘音乐 180’吗？”

“没有，因为我想在第一学期把艰难的学科全部修完，之后再上表演课程。”

“你有上‘经济学原理’吗？”

“没有，因为我学过 AP 经济学，所以我选了‘微观经济学 b’！”

“所以你不但上有机化学，还选了进阶版的‘微观经济学 b’，太厉害了。”

她更高兴了，继续说：“而且我的数学考进了‘数学 21’！我还要加入哈佛乐团当小提琴首席呢！”

“哇，不过你这样的话，双主修课表和课外活动会好满，压力不会太大吗？”

“不会啊，我一直以来都这样。”

从那之后，她每天都把自己关在房间里读书练琴，很少出席大一的社交活动。每次约她一起出门或玩室内乐，她总是婉拒："太忙，功课太多，习题集做不完。"

过了一学期，时常从她房间飘来的悠扬琴声突然消失了。我疑惑了好一阵子，决定到楼下瞧瞧她的近况，便敲了门。她的室友来应门，说："她已经离开学校了。"

"什么？为什么？"

"因为她压力太大，5门都想要拿A。拼命学习到最后开始厌食，每天吐，所以就先回家去休养，下学期才会回来。"

"真的吗？什么时候的事？"

"大概几个星期前吧，她的课都还没修完呢。"

我心中充满了不舍。她是完美主义者，把自己逼得太紧。哈佛的课要拿A一点都不轻松，大一新生又还在适应阶段，难免会情绪崩溃。成绩真的不是一切。

还好，我的朋友休息一学期后完全康复，回学校了。相信她也学会了放慢脚步，对自己好一点。她比我们晚一年毕业，得到顶尖银行的工作机会，也拿到荣誉奖。不过，音乐和医学她就慢慢地放下了。

9.1　卧虎藏龙的《哈佛红报》

在哈佛的日子，每天早上都会收到《哈佛红报》（以下简称《红报》）。很多毕业生即使离开了哈佛，看完《华尔街日报》和《纽约时报》后，还是会看《红报》。

《红报》创立于1873年，报社位于普林布敦街24号，哥洛利尔诗集书店旁边。《红报》孕育出许多普利策奖得主和杰出新闻人才，最出名的毕业生包括1904年毕业，曾任社长的富兰克林·罗斯福总统；以及1940年毕业，曾任财经编辑的约翰·肯尼迪总统。另外，微软首席执行官史蒂夫·鲍尔默和《纽约时报》专栏作家纪思道都曾是《红报》的成员。

2006年，萨默斯校长的“女性与科学”风暴以及继任校长福斯特女士的报道，让《红报》名噪一时。我同届的《红报》主编是大一就认识的朋友。我永远记得他那天穿着正式西装，在面试《红报》主编的前一小时，还在陪我们喝咖啡的情景。当时我告诉他：“你一定可以做到的！”果然，他后来排除万难，成为《红报》第一位拉丁裔主编。从那以后，我时常阅读《红报》，以示对朋友的支持。

9.2 接受邀请，与吟游诗人为伍

秋意已浓，我突然接到一封信。

亲爱的虹文：

很冒昧写信给你，我叫迪克，来自克利夫兰，但我们并不相识。上个周末我打电话给老师报平安，师母（桑顿博士）提到你今年也在哈佛。我们能不能见一面吃个饭呢？桑顿博士对你评价很高，我很希望能够认识你。

缘分真是太神奇了，我最崇敬的高中英文老师桑顿博士还在惦念着我。而我和这位新朋友在克利夫兰那么多年都不曾相遇，现在却相识于哈佛。

热爱阅读、歌唱和演戏的迪克，每年暑假都参与世界歌唱巡回演出，是哈佛著名的“鳄鱼合唱团”成员。他的挚友尼娜则是数学和钢琴鬼才，7 岁就创作交响曲，大学数学系 3 年就念完，还在大四拿下统计学硕士。

由于迪克的戏剧天分以及他与速成布丁俱乐部（Hasty Pudding Club，1795 年成立，美国历史上第一个戏剧团体，每年给好莱坞巨星颁奖）的渊源，我和他一起为现已过世的配乐大师马文•哈姆利奇表演百老汇曲目《歌舞线上》。大师非常和蔼，听完后笑着对我们说：“百老汇等着你们啦！”

春天的夜晚，我们最喜欢在威德纳图书馆冰冷的石阶上朗诵德国诗人里尔克的《致奥菲斯的十四行诗》。静谧的霍登方院中，夜莺声此起彼落。初夏来临，我们一起聆听普朗克的名曲《荣耀颂歌》，一边演绎桑顿·怀尔德的剧作《我们的小镇》。

在这些作品的熏陶下，我们几个天真的大学生都文思如泉涌，互相探讨，交换想法。尼娜喜欢写长篇散文，用数学的逻辑解答人生的问题。迪克则直接探讨我们活在世上的意义究竟是什么。

我想人生的意义应该是其本身吧，就像里尔克在诗中所说："我们早已被死亡囚禁，只有那横越大地的歌声，才能带给我们最终的慰藉和祝福。"

9.3 人文下午茶，"反客为主"

我在哈佛的真正归属是在邓斯特街46号——席格涅特俱乐部。这个俱乐部不同于姐妹会或兄弟会。我们总是开玩笑说："这不是富人俱乐部，而是穷人俱乐部。会员是吃不饱的艺术家。"

席格涅特俱乐部，1870年创立，是哈佛的学术、文学和艺术人文协会。会员入选资格极为严苛，已毕业的名人会员包括美国诗人艾略特和罗伯特·佛罗斯特、哈佛校长尼尔·鲁登斯坦、音乐家伦纳德·伯恩斯坦、马友友和演员汤米·李·琼斯。

当得知席格涅特俱乐部有意邀请我入会时，我非常兴奋，即刻写了一份关于音乐、艺术和诗词的散文作申请，还参加了鸡尾酒会和茶会，并和会员们一起在席格涅特共进午餐。这些都是入会前的考验。

席格涅特的午餐专供即将饿昏的会员们。新鲜出炉的烘焙面包搭配无敌美味的法式奶酪和色拉，浓浓的南瓜汤后有主菜和巧克力舒芙蕾甜点。就冲着美食，我说什么也要挤进俱乐部。幸运的是，我最后全票通过成为会员。

每周五的下午茶是席格涅特公开的盛事。会员们会亲自准备不同主题的下午茶。爵士乐的呢喃弥漫在整条建筑长廊中，围绕下午茶的主题而变换背景乐，如令人莞尔的Tea-Rex（霸王龙茶）、Elasticity-tea（弹性茶）和Sense & Sensibility-tea（理性与感性茶）等。总之，主题里面一定要有茶，并且越幽默越好，服装也需配合主题。如果参加理性与感性的下午茶，就要装扮成维多利亚时代小说中的角色，这样喝茶才有感觉。

席格涅特俱乐部成员合影

美食和下午茶虽美好，但总如过眼云烟。席格涅特有着超过150年历史的传承，其力量之源在于艺术文化的凝聚力。文学家朱诺·狄亚兹曾对我说过："艺术家，这群人到哪里都格格不入。"的确，艺术自由的代价是孤寂。席格涅特会员必须在各自的领域坚持努力。但我们总有一个家可以回，席格涅特就是我们在哈佛的窝。在席格涅特的春天，我们一起弹奏肖邦的马祖卡，演唱舒伯特的歌曲，放映伍迪·艾伦的《开罗紫玫瑰》，激辩弥尔顿的史诗《失乐园》，朗诵会员们新创作的小说或诗句。我们是彼此最亲密的艺术知音，我们的作品是心灵世界浸润过的缩影。无论外界有多少纷纷扰扰，我们只要迈进席格涅特的大门，外面的一切都归于尘土。哈佛的艺术人，总有这片清澈美丽的净土。

第10课

10

学以致用，以经济学诠释世界

> 上了微观经济学这门课后，我第一次发现，除了音符之外，原来还可以用模型、数字和资料数据来诠释世界。

很多人问我，为什么一个拉大提琴的人到了哈佛要主修经济？对此我解释道，哈佛校长萨默斯教授说了一句令我震撼又困惑的话："经济学是社会科学中最具权威的学科。"

离开老家后，我一直生活在美国的中东部，除了音乐专业，完全不谙世事。听了这句话，我冒出了无数个问号。萨默斯校长指的经济学跟我想象中的经济学一样吗？经济学家最后都在研究什么？如果萨默斯校长说的是事实，我好奇为什么一个学科可以拥有如此强大的力量。

10.1　个性飞扬的经济泰斗萨默斯

劳伦斯·萨默斯，1954 年出生于康涅狄格州的经济学世家，是当今美国最具影响力的经济学者之一。他曾任白宫国家经济会议主席、美国财政部长和世界银行首席顾问。

美国前总统奥巴马曾评论道，他有这个时代最佳的经济学头脑。

萨默斯获得博士学位后，又打破哈佛纪录，成为校史上最年轻的终身教员。而《纽约时报》早在1991年就对他盛赞道：“一位罕见的经济学家，能够同时游走于学术理论的象牙塔和藏污纳垢的政治圈。”

哈佛前校长萨默斯教授

我进哈佛的第一年，萨默斯校长尚未卷入迫使他辞职的失言风暴。全美新闻媒体也还没有进驻哈佛，追着他报道。他在马萨诸塞馆办公，平时授课，发表演说，会见并辅导哈佛生。大家总认为以他的地位，很难与之相处。事实上，他很有亲和力，并且逻辑清晰、心直口快，又特别喜爱辩论。

萨默斯校长的细腻在一件小事上表露无遗。萨默斯校长和“公正课”的桑德尔教授合开一门“全球化和其批评者”课程，吸引了全校630名学生报名上课。之后，他决定为大一新生开一门小班研讨课程，课名为“全球化：挑战和机会”。

萨默斯校长亲自指导的消息一经传出，马上有就250名学生抢破头申请那16个上课名额。其他小班教授，除了要求申请者写文章阐述自己的理念之外，还会举行面试来选学生。

不过萨默斯校长有不同的想法：“我不希望一个刚进哈佛的大一新生为了上我的课，来我办公室面试，最后因为没有被录取而失去信心，因此在接下来4年认定自己做错了什么，没有得到萨默斯的肯定。”

萨默斯校长最后决定用申请文章做初选，接下来就用随机抽签方式决定16位幸运儿。这是他认为最公平的方式，也彰显出一位有权势的铁汉学者的温柔体贴一面。

10.2　哈佛校长下台风暴

促使萨默斯下台的风暴，追根究底是一次检视人性属理性还是非理性的命题。这个事件可归纳为两个性别（男和女）、两个关键词（先天差异和能力）及3个假设。

这次事件是在一次美国国家经济研究局的私人午餐会议上引爆的。会议重在讨论科学领域中的弱势群体和女性。事件的相关人包括哈佛校长萨默斯、麻省理工学院教授南希·霍普金斯、国际媒体人以及多位哈佛教授。

在这次会议中，校长提出问题："根据密歇根大学社会学家的研究，全美教授中女性占35%，但为什么在工程和科学系女性教授比例只有20%？"

萨默斯校长做了以下3种学术假设，但都需要更多论证。这些假设可能成立，也可能被推翻：

1. 成家的女性或许没有办法一周工作80小时以上。

2. 在某特定认知能力测验中，男性的变异度较女性为大。因此，造成在测验成绩分布曲线上，男性的人数在高分与低分两端比例上较女性为多。

3. 学校在聘用女性教授时，是否抱持偏见。

在校长讨论第二种假设时，南希教授听不下去了，中途离开，也就是没听完全程演说。事有凑巧，她与《波士顿环球报》的记者通信时，抱怨了一下演说中的内容。她不以为然地表示："哈佛大学一群最优秀的女性学生，竟会被这种校长领导。"

南希教授或许没有想到，这篇报道马上就成为轰动全国的头条新闻。新闻标题是"哈佛校长对于女性的看法让他陷入危机”。

文章用了下列简略的文字描述其经济学假定：“哈佛校长认为男女先天的差异性，导致女性在数学和科学领域的成就不如男性。”

危机就此爆发，很快就发酵得面目全非。全世界的电视媒体或报纸新闻标题变成：

“哈佛校长看不起女性”

“哈佛校长歧视女性，引起女职员公愤”

“哈佛校长放言：女性天生理工差”

之后，萨默斯校长公开发表了讲稿和致歉声明，不过为时已晚。早前就有关于他因极具争议的领导风格、快言快语的个性而与哈佛某些科系教授不和的传闻。此次国际风暴和许多不为人知的政治角力，最终换来的是全体教授对他的多数“不信任票”。就此，萨默斯黯然辞职下台。

然而，并不是所有哈佛教授都不支持萨默斯。哈佛大学经济系、专门研究女性工作平等权的克劳迪娅·高登教授，还有心理学史蒂芬·平克教授，都曾公开声援校长，认为他当天的发言看法被部分出席的女性教授和媒体曲解了。《哈佛红报》的民意调查显示：19% 的哈佛学生支持校长辞职，57% 不希望校长辞职。

我没有加入民调，同学们双方激辩或大肆批评时，我也没有积极参与。我认为凡事皆有因果。即使在全美媒体的关注下，也没有人能够知道事实真相或全盘洞悉迫使萨默斯校长辞职的缘由。

何况得失之间岂是一时。不过塞翁失马，焉知非福。辞职后，萨默斯校长终于有时间陪家人了。2008 年，奥巴马政府礼聘他加入全新的执政团队。由此可见，有实力的学者和经世济民的才华永不会被埋没。

10.3 各有千秋的两位经济学大咖

萨默斯的离开并未削减经济学对哈佛生的吸引力和影响力。

哈佛大学最庞杂的一门课叫做“经济学原理”，每年分两个学期上课。上学期是“微观经济”，下学期是“宏观经济”。这门课有超过 700 个学生选修，是主修经济的大一学生必修的一门课。

有人误以为经济学等同于财经学，其实财经只是经济的一小部分。非经济主修的哈佛高年级生也爱修“经济学原理”，因为他们觉得了解经济学基础是成为良好公民的必要条件。

马丁·费尔德斯坦教授是长期指导“经济学原理”的教授。他是里根执政时期经济顾问委员会主席，经济学中的供应学派之父。到我毕业时，他还在美国国家经济研究局当局长。

不过费尔德斯坦教授讲课，扑克脸一张，完全没有表情，声调稍显乏味，一开讲“经济学原理”就让人想打瞌睡。2007年后，“经济学原理”就交棒给年轻的格里高利·曼昆教授。

曼昆教授平易近人，很受学生的爱戴。他在他的高人气博客里，除了回答诸如“经济学家打哪来”“数学不好却想读经济学怎么办”“应该念博士吗”等问题，也会分享政治漫画、“薯片怎么烤”视频和与演员约翰·利特高合作指挥贝多芬交响曲的搞笑演出。

在哈佛圣德斯剧院第一次上“经济学原理”课时，我置身于八九百个学生之中。我的直觉告诉我：“这不是我想要上的课。”低头一看课程大纲，我觉得里面提及的概念都很熟悉。于是我决定挑战自己，跳过“经济学原理”，专修大二学生才上的“微观经济学”。

这是一个极为冒险的决定。首先，想要上大二“微观经济学”的先决条件是必须修完“经济学原理”，也就是说没有一个大一学生会涉险跳级。

第二，经济系学科顾问爱蜜莉告诉我，如果我坚持冒险，想要免修大一的“经济学原理”，“微观经济学”成绩要拿到A，这样才能证明我的实力。假如成绩不够好，我就必须回头重修。

这时，有两个人激励我选修“微观经济学”，也种下了我主修经济的因缘。一位是写作班上的格伦。他每次都在写作班上吹嘘，今天又到校长办公室跟萨默斯校长见面，校长鼓励他选修“微观经济学”。大一生选修“微观经济学”寥寥无几，看来他会是其中一位。第二位是我在克利夫兰认识的大二学生丽莎。她念医科，可想要双主修经济。她去年修过“经济学原理”，告诉我下半年的“宏观经济理论”非常简单，只要我数学够好，应该可以直接应付“微观经济学”，并且她愿意跟我分享她的经济学笔记。

10.4 拼搏不易的“豆豆”小姐

青春期没有长过青春痘的我，在大一寒假回高雄的两个星期里，整天埋在行李箱拉回来的厚厚课本和讲义中。从完全竞争、寡头垄断和博弈论到信息不对称理论，应有尽有。夜以继日的研读换来满脸的青春痘，这把爸爸妈妈都吓坏了。他们心想哈佛真不是人念的。

“微观经济学”大考前，我一连两夜都睡不着，因为很怕一考不好就必须重修初级课程。

在克利夫兰念高中压力大的时候，我一直在安慰自己：“我是一个音乐人，学业从来就不是我唯一的重心，也不是他人衡量我的标准。”但是一到哈佛，我跟全世界最聪明、最优秀的学子竞争，就不一样了。他们之中，在高中毕业时一举拿下 15 个 A 的大有人在，甚至还可能是全校第一的毕业生。他们个个才华横溢，有赛艇健将、舞蹈专家、魔术高手和软件行家等。和他们相比，我的音乐成绩又算什么？

我不仅要证明给身边的同学看，还要证明给自己看：我在哈佛大学不靠拉琴弹琴，也会拥有一席之地。证明的唯一办法就是不断学习。

10.5　主修经济，苦尽甘来

期末成绩要过好一阵子才公布，我每天都如坐针毡。虽然已经考完，但还是反复思索大考中提到的理论，无心玩乐。

终于等到老师发回试卷，我竟然拿到了 A。我捧着成绩跑到经济系，爱蜜莉先是惊讶，继而笑道：“好，你可以不用修‘经济学原理’了。但你还是要用那些免修的学分，继续突破自己，拿下更难课程的学分！”

这不是问题。我每个夜晚捧读经济学课本，现在念起来可是朗朗上口，都念出兴趣来了。由于上了哈佛的“微观经济学”，我第一次发现音符之外，原来可以用模型、数字和资料数据来诠释世界。我开始对经济学理论着迷不已。消费者理论和效用函数等概念对我来说，好像是相见恨晚的朋友。

争取到免修跳级的先例成为我努力向上的动力。巧的是，经济系馆利陶尔中心就在潘恩厅旁边，我练完琴就可来读经济。

经济系馆利陶尔中心

经过大一的洗礼和萨默斯校长的言传身教，我终于明白了经济学家是怎么样的人。他们是一群喜欢挑战现状、喜欢检视社会现象并探讨艰难的问题，设立不可能证明的假设，然后拼命去找数据、模型、理论和答案来证明或推翻这个假设的人。

我最初对经济学的疑问解除了。只是，萨默斯校长的前车之鉴也教诲我：再顶尖的经济学家，在证明学术假设的过程中也难免跌跌撞撞，甚至可能付出惨痛的代价。

经济学家是怎么样的人？

经过大一的洗礼和萨默斯校长的言传身教，我终于发现经济学家是一群喜欢挑战现状、喜欢检视社会现象并探讨艰难的问题，设立不可能证明的假设，然后拼命去找数据、模型、理论和答案来证明或推翻这个假设的人。

10.6　踏进经济学的金字塔，无畏摸索

就经济学而言，如果说影响我最深的是萨默斯校长，那么给我最大鼓舞的便非安德鲁·施莱弗教授莫属。身为萨默斯校长的得意门生，施莱弗教授因在企业融资和金融市场研究方面颇有建树，40 岁前就荣获俗称“小诺贝尔经济学奖”的克拉克奖章。后来，他把研究范围扩大到行为经济学，并将行为分析理论与经济运行规律和心理学相结合。

施莱弗教授是一位多产学者。他就像一个研究经济学的永动机，可以一个星期就发表一篇新的报告或建立一个新的模型。好不容易熬到大三，我终于被选进素来景仰的施莱弗教授的课程——经济研讨会“经济与法律”。另外，我还加修他和新晋教授大卫·莱布森合开的大班“经济与

心理”。

施莱弗教授戴副眼镜，笑起来异常腼腆，讲话慢条斯理，句句深思熟虑，完全不符合他在商界断杀的强悍明快形象。“经济与心理”由两位教授轮流上课，每堂课他们都会准备自己的著作或经济领域最新发表的研究报告作为教学素材。“经济与心理”课程中探讨的心理概念，包括有限理性模型、损失厌恶、过度自信理论、自我服务偏见、享乐主义和神经科学等。经济概念则包括套利、均衡理论、理性选择理论、收益最大化和贝叶斯主义。

“经济与法律”则每堂课研读实证研究报告，没有期末考，但是最大的挑战在于期末的大报告，它占总成绩的一半以上。我们必须自己想好研究目标，着手搜集资料，整理数据，寻找有创意的研究方法，再分析数据，最后证明或推翻假定理论。施莱弗教授说，如果这篇期末报告写得好，可以扩展成大四的毕业论文。

我的期末报告是“以经济学的观点探讨媒体偏见”。参考为期一年的报纸文献，包括11693份新闻素材。完成之后，施莱弗教授将我的报告寄给芝加哥大学的教授杰西·夏皮洛，让他们作参考。获得教授的肯定让我觉得辛苦研究的成果具有一定的参考价值。这份报告还让我多认识一位经济学家。夏皮洛教授来哈佛客座演讲时，还特别跟我一起讨论我的报告以及其延伸的可能。

施莱弗教授虽然严格，但是非常关心学生，专业素养和人文素养兼备。学期中，我一度中断研究飞到纽约卡耐基音乐厅演奏。经济以外的音乐专长严重拖慢了报告进度，可教授不但体谅我，还问我演奏哪些曲目、观众反响如何等。他还特别器重我，邀请我到他家跟哈佛商学院和经济研究所的高才生一起参加经济学聚会，真让我受宠若惊。

几年后在纽约，有一位哈佛学弟打电话向我求助，说他当前也在修“经济与法律”，但有些盲点需要解决，之所以找我是因为施莱弗教授的推荐。教授跟他说：“有一个拉大提琴的学姐，写过一份优秀的报告。你应该打电话找她，询问她报告的研究方法。”

我真是不敢相信，便赶快将我的研究方法教给了他，在电话上助学弟一臂之力。

第11课

11

融入团体生活，学会互通有无

学习不只是书本知识的学习，也包括在合宜的地方享用晚餐。

哈佛有12个住宿学院，大一新生住在哈佛园，大二就被分配到各个学院。每年3月，大一学生都会忐忑不安地听候学校通知未来3年的家究竟在何方。每个住宿学院都有餐厅、图书馆、活动大厅、教室、高年级生休息室、低年级生休息室、院长宿舍、客厅、音乐练习室和球室等，可以容纳350位至500位学生。97%的哈佛学生都会选择入住住宿学院。

成立住宿学院是希望学生能在团体生活中学习，在相互学习中生活。哈佛历史学家萨缪尔·莫里森曾说："学习不只是书本知识的学习，也包括在合宜的地方享用晚餐。"

住宿学院除了举办各种传统讲座和研讨会外，每周还有非正式的"语言桌"（如中文）或"兴趣桌"（如怎么投资），让有共同兴趣的学生聚在一起，交流思想、学习和增进友谊。

在课余时间，我们会在餐厅跟教师和访问学者一起用餐，或在住宿学院选修个别教程。半夜读书读累了，学院厨房还会关怀备至地给我们准备三明治当宵夜。

11.1 大宇宙与小太阳

如果哈佛大学是我们的大宇宙，那么住宿学院就是结合学术和生活的小太阳，让我们酝酿友情，彼此学习。

两个哈佛毕业生碰面，第一句话一定问："你大一住哪里？"接下来就会问："你大二后属于哪一个学院？"这些就像我们的通关密码。

作为一个音乐人，我曾希望住在以培养文艺毕业生出名的亚当斯学院。它离哈佛园最近，有一个小型实验剧院。亚当斯的庭院里，秋天枫红叶落，重重叠叠；春天新花飞雨，迷迷蒙蒙。

大一学生为了准备大二时的学院分配，会做深入的"学院田野调查"，咨询学长、学姐的住宿经验，甚至每个星期到不同的学院餐厅用餐，最后用表格列出每个学院的优缺点：

方形学院区包括：卡柏（Cabot）、傅何（Pforzheimer）和克利尔（Currier）3 个学院。房间比河畔住宿学院的大得多，设备也比较新。不过这 3 个学院离哈佛中心和哈佛园比较远，走路要 20 分钟，坐校车约 5 分钟。

河畔学院区包括：亚当斯（Adams）、邓斯特（Dunster）、艾略特（Eliot）、科克南（Kirkland）、温特洛普（Winthrop）、洛尔（Lowell）、莱威特（Leverett）、昆西（Quincy）和

马雷（Mather）9 个学院，皆可俯瞰查理士河，因此得名“河畔学院”。

在所有学院中，房间最小又没有河畔景色的是科克南学院，食物最棒的是傅何学院。

邓斯特和马雷学院离哈佛园最远，而且没有校车。但是不知道为什么，分到这两个学院的人住进去后总是士气高昂。邓斯特学院有哥特式钟塔。我每次从波士顿机场返回哈佛，在查理士河对岸就能远远地看到钟塔，马上就有回到哈佛的感觉。马雷学院最特别的地方是以混凝土和玻璃组合的摩天建筑，并以它的开阔视野和美景为傲。

艾略特学院图书馆有诗人艾略特的画像，在这里举办的舞会最棒，一票难求。

洛尔学院是一个大方院，进出有门房，下午茶美味无穷。

昆西学院有新旧昆西宿舍。温特洛普学院则有 3 个绿地中庭，一并将落日余晖中最美的河畔景色收入囊中。

11.2　住宿日，几家欢乐几家愁

如果你问，大一最紧张的时刻是期中考还是期末考？我会回答都不是，而是春假的前一个星期四——住宿日（Housing Day）。

这一天，将决定我们未来 3 年的命运。不同于《哈利·波特》中的情节，我们没有魔法帽，只有被计算机系统随机分配的命运。每个人会分到哪个学院，完全靠运气！

早些时期，学生可以选择住宿学院，因此每个住宿学院都有独特的气质。有些是运动员的最爱，有些是诗人文人的聚集处，有些富有艺术音乐气息。但从 2001 年开始，学校决定采用随机分配方式，以让学生们接触多元文化。

住宿日的前一周，各式庆祝活动如火如荼地展开。学长和学姐仿佛游嘉年华一样穿上代表住宿学院的吉祥物服装，热情宣传自己的住宿学院，同时试图打响学院的招牌。

温特洛普住宿学院用的是人身狮子头，穿着者又跳又叫。马雷住宿学院则做了个大猩猩游走在哈佛园。傅何住宿学院院长亲自带领北极熊家族与大家同乐，这位院长也是“社会学 190：美国社会的生与死——如何看待医疗和疾病”课程的教授。

分配前夕，所有等候的大一学生都在你一言我一语，整夜睡不着觉。我看到：有人会遵循传统，参加各学院举办的活动，提前认识高年级的学长、学姐；也有人会把心仪的住宿学院名字写在小纸船上，任其沿着蜿蜒的查理士河顺流而下，希望如愿。

周四一大早，根本不用闹钟也无须打开电子邮件，就能听到哈佛园中的尖叫、欢呼和哀叹。这是有人拿到第一或第二想住的学院，或是有人不幸分到最不喜欢的住宿学院，但即便是进了自己不喜欢的住宿学院，那不甘的情绪马上也会烟消云散。因为高年级的学长、学姐拿到名单后马上会来餐厅恭喜我们，让我们加入他们热情的游行。在校园里，约翰·哈佛铜像已经被穿上科克南学院的T恤。安纳伯格厅外有莱威特的吉祥物兔子让我们拥抱；厅内每个人都能拿到各式礼物，还有介绍学院的小册子。

我一直祈求能被分到河畔学院，结果分到了河畔学院中的温特洛普学院，肯尼迪总统曾在此处住过。当天晚上，更多学院的院长会举办正式的欢迎会。邓斯特的大一生虽然悲伤，但可以到庭院一起享受烤棉花糖。被选进方形学院的人，可以结伴漫步长途，累得气喘吁吁后去吃冰激凌大餐。最高兴的还是被选进温特洛普的我们：参加温特洛普的啤酒点心派对，准备迎接大二新的一学年。

分到住宿学院是个大日子，象征我们将从被照顾、被呵护的大一学生蜕变成为自己负责的高年级生。离开大一生活的哈佛园有许多不舍，但住宿学院的庆典和凝聚力让大家知道，不管接下来的日子如何，我们都将归属于一个大家庭。

11.3 哈佛园公主变身

我对温特洛普学院的第一个好印象来自肯尼迪总统。肯尼迪家族的3个成员约翰、约瑟夫和爱德华都曾经住在这个学院。另外，肯尼迪总统在戈尔大厅的大四宿舍还可以招待国际贵宾入住。另一个印象来自电影《心灵捕手》，女主角浪漫的学院宿舍，一人一间，气派豪华。

不过，我一住进学院就知道大事不妙。在哈佛园的马修馆，我太幸运了，被分到和麦蓝妮一人一间的宿舍。然而，公主般的生活在新的学院是不可能发生的。新住宿学院最好的房间要留给大四的学长、学姐，所以大二学生往往会被分到最小的房间，三四人挤一小套。可见，我们要慢慢地爬，慢慢地等待。

跟之前马修馆还有一点不同的是，我们的舍监改成宿舍导师，多半是由哈佛的博士研究生或法学院候选人兼任。宿舍导师要负责商学院申请、法学院申请、就业辅导、研究所辅导和出国留学深造。大部分的宿舍导师都非常友善，其中两位还带着我一起旁听商学院和法学院的课程，并帮我思考毕业后的发展。

我们的学业卡由温特洛普专任的教务主任签名。而住宿学院的院长是温文尔雅的政治系罗森教授及其夫人。

11.4 音乐，舞会，周日开放日

虽然住宿房间和大一不能相比，但是温特洛普的音乐氛围是一流的。院长高高的鹰钩鼻子，让他看上去像只猫头鹰。院长夫人是生物学家，讲话带有浓厚的中东口音。他们两人都热爱音乐，因此我一进温特洛普学院，他们就鼓励我设法复苏温特洛普音乐会的传统，负责将每周一次的古典音乐会引进学院。

在温特洛普院长家与同学合影（左一为作者）

周日开放日也是温特洛普的特点。每周日，院长和院长夫人敞开大门，邀请所有学院的学生来家中聊天、喝下午茶，谈家事、国事、天下事。开放日的重头戏是一道热气腾腾的派。浓稠的布里奶酪，搭配上巴梨和干杏子，每次一上桌就被热情的学生抢食一空。

此外，温特洛普有两个著名的舞会：非正式的醇酒舞会和正式的阿尔贝拉舞会。自 1990 年开始，参加醇酒舞会的人每人会拿到一张类似大富翁的游戏钞票。舞会当晚的规则如下：我给你钞票，你就必须亲我的脸颊或给我你的披肩等，最后身上有最多钞票的人就是当晚舞会的赢家。

阿尔贝拉春天正式舞会，是为了纪念 1630 年来到美国担任马萨诸塞湾殖民地长官的约翰·温特洛普及其搭乘的阿尔贝拉号。每到舞会时，黄昏中的中庭会点上浪漫的蜡烛，插上雅致的鲜花，河岸则被湖绿、金红和鹅黄的灯光映照得灿烂迷离。一向不刻意打扮的哈佛女孩们会穿上长礼服，倚在青苔桥栏旁。她们在西装笔挺的哈佛男士的邀请下，翩翩起舞。青春印象荡漾在河面的波光中，直至深夜。

第12课

12

创造完美简历，毕业不失业

> 大一暑假拿到好的实习工作，没钱也没有关系。接着大二暑假就会有好公司聘你，例如华尔街的银行。大三暑假再到顾问公司实习，大四毕业找工作就没问题了。

年少懵懂、纵情书海的我享受着进入哈佛学术世界的每一刻。有一天，微观经济学课程的同学安突然问我："你这么努力读经济，大一暑假要到哪里实习？"

"实习？什么实习？我暑假都会参加音乐节。"

"哦，这样啊。那你简历空空的怎么办？"

"什么简历？"

"大四申请工作的简历啊。"

安的哥哥主修历史，刚好大四，所以她一向比我熟悉哈佛。

我赶紧问她："简历是像我们高中时申请大学的履历表那样的吗？"安开怀大笑起来，仿佛在面对一个天真的傻瓜。

"不是啦，是应聘工作的简历。"

天啊，我惊呆了，我们不是才大一嘛。为什么安已经开始计划3年后的事？我在克利夫兰，好不容易在音乐履历表上小有成就，现在到哈佛又有一张全新空白的简历等着我填写。

过了一会儿，安看我完全没进入状态，就带我到了位于邓斯特街 54 号的哈佛职场生涯办公室。办公室里面寒气逼人，气氛凝重，来来往往的都是大三大四的高年级生，每个人都表情肃穆。

安悄悄地告诉我："这个办公室专门为学生提供暑假实习工作，还有毕业后的职业生涯规划咨询。"

她又郑重地说了一句："我哥哥告诉我，大一暑假如果拿到好的实习工作，没有钱也没关系，因为接下来大二暑假就会有好公司聘你，例如华尔街的银行。然后大三暑假再到顾问公司实习，大四毕业找工作就没问题了。"

12.1　大一就开始找实习

华尔街和企管咨询顾问公司是离我多么遥远的世界，现在竟全部从同学安的口中若无其事地说出。

难不成哈佛生在暑假不休息，而去拼命找实习工作？为了大一到大四有一个较为完美的简历？我若是从大一开始掌握先机，不就有了经济学中常提到的先发优势吗？顾问公司和华尔街真会喜欢从暑假实习生中筛选新员工？那么，暑期实习就好比音乐人参加夏日音乐节了？

由于安的关系，我很早就知道了在哈佛巨大完美的殿堂中有这么一个小角落，负责如此现实的人生大事——毕业后的工作机会。

不过，我不希望如此急功近利，所以在学期结束后，先飞到群山围绕的音乐天堂阿斯彭参加音乐节，将安的嘱咐和所有艰深的经济理论一并抛到九霄云外。

12.2 如何选择理想的暑期实习

我大二回到学校，继续修了企业融资、高级宏观经济、多元微积分、统计学和计量经济学，同时开始认真思考大二暑假该何去何从。

同学们早已习惯在暑假工作：想读博士的朋友进实验室做研究，读政治的朋友到电视台或报社实习，做公益的朋友飞到非洲或拉丁美洲服务当地百姓，当然也有朋友进美林或美国银行。暑假里不拉琴的话，我该做什么好？我毫无头绪。我知道，必须尽快填补这片空白，缩小我和他们之间的差距。

思考后，我加入了《哈佛投资》杂志社，其社长也是我在经济系的学姐，她刚好也住在温特洛普学院。学姐有完美的履历：她大一暑假进高盛银行，大二进麦肯锡顾问公司，大三进贝恩顾问公司，现在大四的她已经拿到麦肯锡和高盛的高薪聘书。但是她放弃了麦肯锡和高盛，准备进私募股权投资公司——贝恩资本（美国前总统候选人罗姆尼的公司）。我邀请学姐一起吃饭，她马上答应。

晚餐时，我请教学姐：“为什么大三的时候进了贝恩，而没回麦肯锡？”

学姐说：“因为我一直希望能进贝恩资本，所以先到贝恩顾问公司。”

我又问：“你去私募股权投资公司做什么？”同时心想“私募股权”这个词，我连听都没听过。

学姐说：“因为我有顾问兼投资银行业务经验，所以进私募股权投资公司最合适。”

我点点头，其实根本没听懂。

我又请教学姐，对于我这种大二又没任何经验的菜鸟有什么建议？

学姐一笑，叫我不要担心，关键在大三暑假。因为在大四上学期，所有公司都会来哈佛抢人，公司招募期会如火如荼地展开。大三暑假的工作经验才是公司选才最看重的。现在不要慌，先顾好大二的功课最重要。

大二暑假，我有机会到上海房地产公司实习。临行前，我又请教曾在该公司实习的大四学长。我问他：“我就要到上海去了，可是其他同学都安排好在美国的银行实习。这样我是不是输在了起跑线上？”

即将进摩根士丹利银行的学长对我眨了眨眼，说：“重要的不是你在哪家公司实习，而是你做了什么事。”接着又说：“更重要的是，你要如何让未来想聘你的公司了解你在之前的公司做了什么贡献。”

实习工作选择要领

1. 将每一份实习工作当作正式工作来看待。

2. 询问自己：毕业两三年后我希望每天做什么样的工作。我如何发挥专长，才能对公司和社会有正面影响？

3. 这份实习工作能让我学到什么？这份工作能不能帮助我未来事业的发展？

4. 我能否认同公司的文化，是否喜欢工作伙伴？同事是否满意他们的工作环境？

5. 实习工作能不能让我认识新的领域，扩展我的人脉。

12.3　误打误撞到谷歌实习

从上海回来以后，我认真思索大三暑假的实习。之前，同学大多还不确定个人方向，可想要就业的同学在大三暑假全部加入战场，暑假实习的竞争气氛也浓厚起来。

从职业博览会到职涯中心，从模拟面试到说明服务会，处处人潮汹涌，万头攒动。大三学生犹如热锅上的蚂蚁，因为人人皆知大三暑假拿到了实习工作就意味着聘书拿到一半。暑期实习认真做事，大四毕业，铁饭碗到手。

谷歌来哈佛招聘时，他们送了我印着“I'm Feeling Lucky”（手气不错）的蓝色T恤、谷歌圆珠笔和飞盘。我当时就想，这家公司是开游乐场的吗？大三的我从没接触过高科技产业，那时的谷歌也没有现今庞大的规模。

我没有积极申请，而是在人事打来电话后才投了简历。经过三关考验，我被录取了。我放弃了纽约的银行，最终选了谷歌。

6月，我飞到北加州如诗如画的山景城——谷歌全球营运总部的所在地。我住在步行离公司5分钟的公寓，和其他10位哈佛生开始了“谷歌人”生活。

12.4 谷歌三绝

每两周，我就会和我的上司单独会面聊天（谷歌称作“1：1”）一次。他从来不以我的上司自居，也从来不会“指示”我该做什么。有一次，我因为一个小细节做错，导致整个团体项目落后而懊悔不已，可他没责怪我，却说：“不犯错，你就不会知道下次怎么做好。你选择这样尝试解决问题而犯错，已经证明你有谷歌人甘冒风险的勇气了。”

谷歌人要具备什么特质？谷歌人不仅要有才能，更需了解谷歌文化。不过文化到底要怎么定义？一个公司怎么塑造它的文化？在我看来，谷歌文化不是只有福利好、玩具多、常出游这三点。

谷歌的工程师进公司后，可以拥有 20% 的个人时间。举例来说，我的朋友进入公司，工作职能是帮忙推出 AdWords（关键词广告）产品。所以一周五天中，他可以享有一天的时间。这天可以完全不理未完的 AdWords 程序，而去开发自己心目中的理想产品。这样的公司文化是吸引人才的关键所在。

12.5 我在谷歌学到了什么

西岸的生活步调比东岸的慢，我们周末结伴四处游山玩水。

公司有手足球游戏台、乒乓球、电动滑板车、游泳池和沙滩排球。科技小站更可免费领取计算机设备。休息室也有专业的按摩师给员工按摩解乏，由公司付费。

我实习的暑假中共有 3 次出游：我们小组办的半天外出活动，学打英式板球；第二次是暑期实习生集体到六面旗游乐园游玩；最后则是整个部门到旧金山玩一天。这些都由公司买单，且薪水照付。

实习时与加州谷歌同事的合影（左一为作者）

在这里有按人体工程学设计的办公桌椅、饮料无限畅饮、各种各样的零食比卖场陈列的还诱人，还有每瓶6美元的赤诚果汁！上班时三餐公司全包，十多个不同风格的餐厅，提供新鲜营养、色香味俱全的美式餐饮、有机食品和西班牙小吃塔帕斯等。反正天天换着吃也吃不腻。

可这只是表象。谷歌有高明的管理文化：

1. 动力哪里来？

谷歌老板和其管理层深深了解人性。虽然没有人喜欢被告知今天的工作内容，但大家起床后又都喜欢问："我今天想要做什么？"如果你有效结合两者，既让员工每天起床后兴奋，又使其愿意设定对谷歌有利的自我工作目标，那么动力就来了。这样的员工不仅效率高，还会对公司有归属感与忠实度。

2. 我们在乎你微不足道的声音。

每周五，所有员工聚集在一起跟老板拉里·佩奇和谢尔盖·布林一起对话、喝啤酒和问问题。最顶尖的首席执行官和最低阶的实习工程师之间没有距离。你可以问最尖锐的“Don’t Be Evil”（不作恶）问题，可以质疑公司的最新政策，也可以提出你认为下一个影响世界的金点子。总之，佩奇和布林笑着欢迎你发问，倾耳聆听。

这让你有做你自己的自由，或让你认为你有做你自己的自由。

3. 找到对的人，让他做对的事，最后留住他的心。

公司花很多资金和精力寻找有才华的人，这并不够，务必要让人才在适合他的位子上做对的事才行。

公司花很多时间栽培对的人，让他做对的事，这也不够，务必要留住他的心才行。

试想公司餐厅让上有老、下有小的你，带着爸妈、伴侣和子女一起共进晚餐，那么你还会为没时间回去吃晚饭而感到愧疚，甚至与家人发生争执吗？这样的公司会留不住员工的心吗？想必你定会满腔热忱地为公司效力。效率也出于此，一周 4 天就可以完成 10 天的工作量。

若你是单身贵族，公司会让你感觉像在家一样舒服，帮你买车、洗车和租房。公司还提供衣物干洗服务，让勤奋工作的你完全无后顾之忧。那么，日日夜夜工作在办公室也不是一件苦差事了。

我所属部门的大主管在工作以外的最大的梦想是：在30岁那年回到故乡俄罗斯，用一年时间做公益并游历山水。她辞职时有许多业务需要交接，很多产品正在执行。公司不但放她走，还始终保持联络，一年后给她开出升迁加薪的诱人条件，希望她赶快回来。她最终决定回到加州。谷歌有这些高明的管理文化，员工的心离得开这家公司吗？

13

第13课

面试竞争中，才华、技巧和细节同等重要

每个哈佛大四学生的简历至少会被修改10次。制作简历是申请工作的第一步，连标点符号都不能马虎。

结束谷歌暑假实习后，我在秋天回到哈佛。一如往常，在9月底就有大银行砸重金租下哈佛最豪华的教授俱乐部用以招募人才。每次推开教授俱乐部大门走上回旋楼梯时，我总要深吸一口气。身旁的古老照片和装饰让我感觉仿佛穿越时空，回到18世纪的美国。

不过，每晚在俱乐部用餐的不再是爱默生或梭罗，而是现代大公司的主管。商场老将们神气万分地带领入职第一或第二年的新员工来到哈佛，对大四学生宣讲公司的宗旨、营运方向和愿景等，希望他们加入公司。

已就业的学长、学姐风尘仆仆地从纽约飞到波士顿。眼角透露的疲惫也遮不住他们脸上因回母校而散发的兴奋光芒。他们端着香槟酒杯，走走停停穿梭在无限供应的新鲜草莓、蘑菇小牛排、法国奶酪和热狗面包的餐盘之间，不断地交换名片，一遍遍地回答如下问题：

Q：什么时候下班？工作和生活之间如何平衡？

A：工作到半夜3点才回家，但是久了就不觉得辛苦。

Q：你在这家公司工作后，公司对你的未来怎么规划？

A：顾问工作，多半以两年为期限，接下来就要准备考商学院。

Q：按你的日程，一周有多长时间在客户的公司？

A：顾问是周一到周四在外跑，周五才回公司。

Q：在这个公司，最大的收获是什么？

A：我觉得我真正属于一个团队，为团队加分增值，为客户服务，并贡献我的所学与专长来改变世界。

每场说明会上，一脸仰慕的大四学生都围着学长、学姐提问，希望在留下好印象的同时得到一丝青睐。大家心知肚明，在说明会上跟学长、学姐建立好关系，就有可能在日后的简历筛选中得到万中选一的面试机会。

不过，Excel和PowerPoint真可以改变世界？大银行和顾问公司就是人生归属吗？回想身边拼命努力的同学，我不禁疑惑这些问题。我见证了华尔街的辉煌和没落，不知是幸还是不幸。那年秋天，华尔街还不知其未来命运。可在我从哈佛毕业两个月后，它就崩盘了，导致美国乃至全世界都陷入经济危机。

13.1　面试前的准备

申请华尔街工作的同学并不都主修经济，也有主修历史、文学、工程的，五花八门。

哈佛人知道美国公司来招聘，最在乎的不是你的主修，而是你的成绩、资历、课外活动和领导特质。银行或顾问公司更在意你为什么对它们感兴趣。以上这些问题你若能在面试中娓娓而谈，你就可以大概率夺标。

申请工作第一关：简历。

每个大四学生的简历至少都会被改过 10 次。他们可以到职涯中心求助，也可以到住宿学院请教商学院的导师，还可以请教授、学长、学姐和朋友们置评。总之，制作简历是申请工作的第一关，连标点符号都不能马虎。

第二关：电话或校园面试，以及上午餐或晚餐时间的非正式面试。

电话面试时要穿戴整齐，在一个指定地点接受面试。要准备好回答简历上的任何经验问题，以及对公司和产业的初步了解和兴趣。

第三关：飞到公司总部接受老板或其他高管为期一天的面试。

接到面试通知后，要积极备战面试，详读参考书，到职涯中心进行模拟面试，争取胜出。

工作简历五大重点

杰出成就　团队精神　领导能力

个人愿景　特殊技能

13.2 与雷曼的短暂交会

经一位在雷曼兄弟银行房地产部门的学姐引荐，我通过一轮轮面试，最后来到雷曼银行位于繁华的曼哈顿中城第七大道和五十街交叉口的纽约总部参加面试。

到了曼哈顿，我看到雷曼银行那深灰花岗岩的建筑外墙，闪闪发光的 LED 屏幕上滚动着最新的世界新闻和股市动态。我顿时感觉我 14 岁时第一次来的纽约是另一个世界。那里的我只有音乐，眼里也只有音乐。如今，我竟然装扮优雅地坐在出租车上，直奔华尔街的大银行。岁月流逝，世界在我脚下，可我的音乐梦想去哪儿了呢？

我一进门，哈佛学姐就来接待我。我参观完办公室后，开始一系列面试。从我的暑期工作经验、经济模型模拟、最新金融产品到上海的房地产市场等，面试官无所不问。办公室的天花板很低，面试的气氛拘谨，节奏很快。我冥冥中觉得华尔街大银行不是我的归宿。

我听了直觉的话，没有选择在华尔街工作。我到茱莉亚音乐学院读研的第 2 个月，雷曼银行就破产了。

否定掉华尔街后，我积极转战顾问公司的面试，勤练模拟顾问试题。大四秋天，我捧着修改过无数次的简历，手握谷歌镶金的聘书，参加日程表上排得满满的一个又一个面试。我相信，没有哪家顾问公司会拒绝我。

13.3 面试实例：问出好问题

从 9 月到 11 月，日子紧张无比。我上完课就往宿舍跑，换上正装，再奔往面试中心或与公司主管约好的附近餐厅。有时候，我一接到电话，就得马上准备妥当，拉着行李箱冲到机场。

最有趣的应聘经历是波士顿顾问公司的终面。我走进偌大的办公室，公司的大股东一脸淡定地坐在我对面，什么寒暄都没有，丢下问题就要我回答。

“你的商业客户准备收购一家公司 S。这家公司主要销售多样性的女性化妆产品。客户希望两三年内可以转售。请你为该客户的管理层提出建议，告诉他们哪个市场成长最快，应该怎么细分目标并推出新产品。”

我很紧张，开始试着以管理顾问的求解技巧来问问题，分析解答。如果两三年就要脱手，那么先用标准化尽职调查来分析几个大项目：市场优势、公司优势和外部环境，同时也要考虑在两三年内获利并卖出的可行性。

大股东点点头，似乎赞成我的思路，于是由我继续发问。因为好的顾问要善于从问问题中找到解决方案。我问："请问客户之前收购了哪些类似公司？"

他低着头，不大理我，轻描淡写地说："没关联，不用操心这个。"

第一个问题就碰了钉子，我有点惶恐。我又问："这家S公司目前的竞争对手有哪些？"

大股东列了几个对手，但情况依然不明朗。我开始失去方向，又乱问一个问题："请问，客户退出市场后的平均收益率是？"

大股东看我没了头绪，终于开了金口，说："你要想好，要问对的问题。如果你不问'对'的问题，我怎么帮你找到解决的途径？"

那一刻我顿悟了，将慌张的心收起来，再次出发。

13.4 夺回优势，稳健问答

"首先，S公司在哪些市场分部最占优势？"

他回答："目前彩妆和保湿产品的市场占有率最高。"

我又问："哪个市场分部的年均复合增长率最高？"

这个问题让大股东点点头，似乎在嘉许我。

他说：“美白产品的增长率最高。”

我又问：“哪个市场分部拥有最大利润？”

这时，股东拿出他准备的图表，让我分析。

我仔细看了图表后，说：“美白产品有最大利润。根据图表，比较利润倍数和相对市场占有率，我们可以得出以下结论：

1. 市场分部主要有美白、彩妆和保湿。

2. 市场优势和利息支付倍数之间有很强的关联性。

3. 即使控制市场的主导地位，美白产品的利息倍数也比其他分部高。”

大股东又给了一张图表，说：“为什么需了解每个细分市场的业务经营和收购利息的倍数？”

我回答：“了解近期交易的利息倍数是很重要的。原因主要有两个：第一，它允许我们的客户以公平的市场价格进行评估；第二，它显示了盈利能力改善的可能性。在这种情况下，从美白产品下手改善，就可能在卖出收购公司时实现利益的最大化。”

大股东接着问：“购买前，考虑什么最重要？”

我说：“各产品分部的盈利能力可细分为市场份额和相对市场占有率。了解这些关键点，再细分市场的吸引力和竞争地位，就可以确定核心领域业务并集中投资。同时，也可以了解是否有可能出售或改善表现不佳的产品。”

接下来，我们又谈到大环境的竞争力。

我说：“我们需要每个关键市场中各竞争对手的销售额等基本数据。这使我们明白每个细分市场的市场份额是集中的，还是分散的。”

最后，根据所有提供的信息和图表资料，我为客户提出以下建议：

应该收购S公司，并且专注于美白产品。这是一个高风险、高回报的方案，增长率和回收倍数都相当可观。目前S公司在美白市场中的存在感很低，升值潜力最大。因为这个群龙无首的市场没有强大的竞争对手，较易增加收益，也可与其他产品线分享成本和共享客户，所以我们在这里有一个结构上的优势。鉴于在这一领域之前实现的回收倍数，我们会有最大的潜在回报。

大股东点点头。我过关了！

我永远也不会忘记，所有同学正襟危坐，战战兢兢等待面试的场景。一轮轮面试中，总有人无法过关。每一轮都是一战决生死，总会几家欢乐几家愁。然而，那些充分准备的同学，都有工作在等着他们。

我也不会忘记面试中遇见的各大公司的老板和职员。

与他们对话时，不只他们在面试我，我也在面试他们。无论是招聘者还是应聘者，我总能看到他们有的神采飞扬，有的郁郁寡欢，有的野心勃勃，有的唯唯诺诺……他们足以构成一支神奇的万花筒，让我一瞥美国职场的芸芸众生相。

美国公司要什么？

创新精神。

良好的商业判断。

定量分析能力。

沟通技巧。

解决结构问题。

敬业态度。

值得注意的是，美国公司面试中有一个匹兹堡机场测试：在面试过程中，面试官会不断观察你，心想如果录取此毕业生进公司，会喜欢跟他长时间相处吗？比如说，一起出差却赶上班机延误，面试官会愿意跟这个人一起被困在匹兹堡机场吗？

第14课

开发第二课堂，丰富认知体系

课业、社交和课外活动、睡眠。要在哈佛生存，
就必须找到这三点间的平衡。

在哈佛，每个人都要尝试寻找自己的生活平衡公式和交友准则。总体来说，想要在哈佛生存，就必须做到“3S平衡”：

School（课业）
Social and extracurricular life （社交和课外活动）
Sleep（睡眠）

拥有良好的3S是学生生涯成功的关键。其中第二个S——社交和课外活动，更是哈佛人花最多时间经营的部分。近朱者赤，近墨者黑。学生之间的友情和相互勉励是珍贵的。

沉醉艺术的人被《哈佛呼声》杂志录取，生活圈就在南街21号，与青年作家、诗人、漫画家和设计师一起抽雪茄、评古今、论经典。

有舞台表演天分的人会成为戏剧协会成员，担任导演、编剧、舞台设计或演员，出没于哈佛各大剧场忙着排练，一学期上演3部舞台剧也不无可能。

会写文章、也会搞笑、热爱公益的人则会奔走于哈佛校园、波士顿的医院和贫陋穷困社区，为病患、老人和幼童提供义务服务。

许多人也会延续高中时期的志向，依照自己的兴趣，在偌大的哈佛园中找到一个小角落，一个属于自己的天堂。

14.1 会写文章也会搞笑

距《红报》一个街区的楼宇是散发着荷兰人生活气息的《兰普恩》杂志大本营。1876年创办的《兰普恩》是《红报》的宿敌，彼此的恶搞最为人津津乐道。最出名的恶作剧发生于1953年。当年，我的偶像、美国著名作家约翰·厄普代克担任《兰普恩》的社长。有一天，他突然发现兰普恩城堡顶端高挂的朱鹮雕塑消失了。他火冒三丈，马上想到一定是《红报》的编辑们搞的鬼。

不消多时，《红报》就接到匿名电话称该报社长和总编被“绑架”，若想要他们回来，就必须将雕塑物归原处。

《红报》社长和总编安然获释，可他们非但未把雕塑还给《兰普恩》，还将它交给苏联驻联合国大使，当作“送”给莫斯科大学的礼物。不知情的大使高兴收下，而《兰普恩》也费尽周折才把朱鹮雕塑要回来。

近来，两边的恶作剧有增无减。《红报》新来的大一实习生名单被《兰普恩》拿到，《兰普恩》就冒充《红报》主管发送电子邮件给所有新人，告诉他们错误的集合时间和地点，把《红报》气得七窍生烟。

由此可见，哈佛的文青们除了会写文章，恶作剧的本领也不能差。

14.2　脸书首席运营官桑德伯格的启示

除了各大社团，哈佛还有许多兄弟会和姐妹会。这些俱乐部历史悠久，美国大小罗斯福总统分别是波斯利安兄弟会和飞行兄弟会的会员。

至今哈佛还有 8 个兄弟会只录取男性。女性出入必须由男会员邀请或陪同。很久以前，哈佛女生提出抗议，才自行成立了女性专属的俱乐部。不过截至目前，姐妹会还是不如兄弟会受欢迎。

对于俱乐部，我一直抱持疑问：每年秋季，为什么白天还在课堂上求知求索的优秀青年们，一到夜幕降临后就换上燕尾服，游走于五花八门的社交场，竞争入会资格呢？

我后来知道了，原来俱乐部是社会经济地位、团体意识和身份认同的象征。加入俱乐部就意味着得到圈子的认可，也意味着靠近权力中心，这对男生来说有着致命的吸引力。

哈佛各个俱乐部的入会手续极其烦琐。电影《社交网络》对入会的描述虽戏剧化，但实际情况也基本类似，而且入会后的好处的确不少。除了可进出奢华的俱乐部根据地，还可与会员们夜夜笙歌。许多兄弟会可为毕业会员提供广大的人脉资源，使他们在社会打拼中如虎添翼。

每次练完琴或音乐会结束，回到住宿学院前，我总会路过 20 世纪初成立的凤凰会。俱乐部的大门内，女孩们裙摆飘扬，竞比海棠娇；男孩们笑语珠玑，争将梨树绕。这一幕幕总让我误以为那儿在上演着贵族故事。

墙外的我是穷苦潦倒的诗人鲁道夫。酒池肉林虽好，但总有枯竭一日。我冀望清风朗月的性灵家园，估计墙内的兄弟姐妹们是无从体会的。

另一个让我不解的问题是：人人说男女平等，可为什么姐妹会没有兄弟会吸引人？只是因为资金没有兄弟会雄厚，还是有更深层次的心理和社会因素牵制？ 20 世纪六七十年代，哈佛的学姐们为后来人争取到了男女一同入校的权利，才有了今天录取名额男女各半的平等局面。

可在课堂之外，男女终究还是不平等。印象中，一群哈佛毕业的男性职场精英们聚在一起，往往意味着权力的集结。那是女性俱乐部的成员们可望而不可即的。脸书首席运营官桑德伯格是哈佛学姐，她的著作《向前一步》和《纽约时报》记者乔迪·坎托针对哈佛商学院的文章都在探讨性别平等问题。

桑德伯格鼓励女性在职场拥抱权力，争取最高领导圆桌的一席之地。她相信如果公司老板中一半是女性，男女才能真正平权，世界也会更美好。她创造了“LeanIn社群”，激励不同年龄段的女性携手并进，不要安于办公室的角落，而要与姐妹们一起奋发向上。

坎托的文章则略显悲观：哈佛商学院不仅男女教授比例悬殊，商学院毕业生10年后的薪水更因性别而差异极大。

桑德伯格的呼吁在美国社会引发热议，攻击她的人出乎意外地来自女权主义者。她们认为桑德伯格是幸运儿，天之骄女，不配领导女权运动。支持者则认为桑德伯格以她的影响力来帮助女性，指点后辈，难能可贵。

女性确实希望掌权。不知在桑德伯格的哈佛岁月，她是否与脸书创始人扎克伯格一样，曾因被兄弟会拒之于门外而愤愤不平？

14.3　名校外星人

不同于其他同学，我在高中时期从来没参加过社团。所以一到大学，琳琅满目的选择让我惶恐。当同学们都积极地参与社团或俱乐部招募时，我感到自己像是一个羞赧中带着一丝骄傲的外星人。除了音乐，我什么都不懂，什么都不敢申请。

最后，我选择不加入女性俱乐部，因为实在不想为了所谓姐妹聚会，每天费心梳妆打扮而成为妩媚动人的社交宠儿。至于社团活动，因为主修经济的关系，我将大部分时间用在《财经投资》的撰稿和编辑上。

另外，我到中国城教华人英语，到波士顿的小学为非裔学生做课后辅导。由于对少儿以及公共服务法律有兴趣，我又申请加入哈佛法律委员会，每周到波士顿的非营利性律师儿童福利团体，面试参与庭审的当事人，并且做案例研究。

法律委员会的同学往往会为艾滋病患权益团体、人权团体、强暴受害者联盟、低收入家庭或改善种族歧视机构义务服务。我们都希望一边跟在律师身旁学习，一边贡献自己的绵薄之力。每周五下午的工作让我亲眼看到哈佛以外截然不同的世界。然而，两个世界之间仅有短短20分钟的车程。

我的当事人是一群需要帮助的青少年，这些青少年往往都活在社会边缘：不是妈妈吸毒入狱，就是爸爸非法移民被遣返；不是精神有问题，就是学业跟不上，从一个寄养家庭换到另一个寄养家庭。光在书面上看到他们的遭遇，我就心惊胆战。每一张纸所记录的不光是冰冷的文字，还是一幕幕人生悲剧。

3个月后，律师准许我一同做家访并撰写法院报告。一个下午，我们拜访一位身材魁梧的中东裔初中男孩。由于先天情绪无法控制，加上幼时受到虐待，他一看到陌生人就马上握紧拳头，对着墙壁猛打，深黑的眼中充满了恐惧和不安。律师和社工竭力安慰他，他才慢慢平静下来。可在一个小时的访谈中，他的表情始终呆滞，回答异常嗫嚅。在他身上，那种属于年轻人的朝气蓬勃杳无影踪。

我和律师出来后，他深深地叹了一口气，我的眉头却还在紧锁。公共服务律师、法庭研究和写作报告究竟能给这些青少年多少帮助？像他这样的孩子不被学校、家庭，甚至社会接受，即便法庭批准给了他新的寄养家庭，他也未必能真正健康快乐地成长。

看着蔚蓝的天空，我实在没有办法理解为什么世界有这么多苦难。身为哈佛人，我又该怎么做？那一刻，我觉得非常无力。坐上回哈佛的车，我心情无比沉重。墙篱内外，你我想象不到的世界就像有两套人生公式堆积在这辆公交车的前后。有些人总是可以坐在前座，有些人连追带赶上了车，却只能犹如蚂蚁般爬向车尾。但公交车不会掉头，只会轰隆隆地向前驶去，迎上或送下一波又一波车头或车尾的人。

14.4 在哈佛遇见孔孟

大三上学期，我认识了温特洛普学院一位个性开朗的学妹眉。我们一起吃晚饭聊天时，她告诉我她来自昆明。

她和一些国内的留学生正在创办一个有关“四书五经”的哈佛读书会，要请大名鼎鼎的新儒家代表人物——东亚系的杜维明教授来授课。

我着实吓了一跳，前天才跟妈妈通过电话，她刚好提到杜教授的著作。我孤陋寡闻，现在决心要搭上便车一起听课。

我连忙问眉：“你们还有没有空位？”

她说：“当然有。每周四下午 6 点到 7 点，在东亚系馆的研习教室。”

我又问：“杜教授真会亲自指导我们吗？”

眉说：“真的。教授一听有一些中文底子不错的同学希望研读经典，就一口答应每个星期抽出时间来免费教课。唯一条件是每人手上都要准备好《大学》《中庸》《论语》和《孟子》。”

我仿佛被塞了一颗糖，整个人甜滋滋的。那天，我赶快去图书馆借了一套“四书”恶补，再拜读杜教授的英文著作，并期待与杜教授的见面。

周四晚饭我包了个蔬菜三明治，就匆忙地跑到研习教室。哇！竟然有十来位学生围着长方桌正襟危坐。杜教授在最前方，眼睛炯炯有神，脸型圆中带方，神色慈祥敦厚，令人肃然起敬。儒家学者的翩翩风范，让我错觉他是不是课本中的五柳先生来到当代哈佛上课。

“知止而后有定，定而后能静，静而后能安，安而后能虑，虑而后能得。”我们先从《大学》开始念，之后读《中庸》，再读《孟子》和《论语》选段。上课的方式是每人轮流用中文念一段，老师会先请我们用英文发表意见，之后再用优雅流畅的英文深入讲解经典。

在座的大多是学弟学妹，部分是美籍华裔。有哲学系的大毛，数学系的阿彤，计算机工程系的小林，当然还有发起人历史系的眉。大家的主修千差万别，但都希望深入了解什么是天命、什么是君子、怎么尽其性和怎么行中庸。大家虽在哈佛接受西方教育，但都想挖掘东方经典背后蕴藏的智慧和文化。

在中国大学用中文上“四书”，再寻常不过。可在哈佛大学，在西方文化的冲击下，我们这一群人像是离枝的散叶，又像是抵挡洪水来犯的最后一道堤防。可我们到底在捍卫什么？

捍卫文化？我可不敢想。初中毕业后，我就再也没机会上语文课了。同届还有一个老乡，他说中文的机会也少之又少。我曾尽可能躲开燕京楼，不想和东亚系扯上任何关系。毕竟，我已经长大了，到了神圣的哈佛，离那个原生世界再遥远不过。我曾为了融入新环境，而去冲刷、去驱逐关于汉字和中华文化的一切。

可现在想想，血液里流的东西怎么冲刷，儿时美好的回忆又怎么驱逐。因缘际会，我几经辗转后遇见了读书会。我每周四都去亲近经典，文言文美好的韵律又回到我耳畔。

我从没想过徘徊在历史的诗情、沉浸在先贤的哲理中是这么令我愉悦的事。那两年，我就每周花上一个小时的时间一点一点地修补我七零八碎的中文世界。

走出燕京楼时，我举目四顾，天色早已微暗。回宿舍的路上，我心中念着刚刚学到的字句，总觉得全身舒坦，仿佛也能感受到孟子所言的塞于天地之间的“浩然正气”。还有《论语·泰伯》：“士不可以不弘毅，任重而道远。仁以为己任，不亦重乎？死而后已，不亦远乎？”

是啊，任重道远。我肩上的重担，我真正的家园，怕是什么时候读完经典，才有勇气扛起来吧。

我的课外生活洋溢着艺术气息和中国韵味。4 年中，我像一块海绵不断吸取形色多元的养分。我将自己舒展开来，不断深究自己是谁，生命的意义何在。我跟所有哈佛生一样，要在毕业前寻求一个真相。

第15课

15

砥砺前行，不会回到原点，只会去更好的起点

大提琴家马友友、音乐巨人伯恩斯坦、指挥家巴伦博伊姆和小提琴家帕尔曼，他们把我从哈佛繁重的课业中解救出来。

18岁前，我做任何事总是把音乐摆在第一位。去骑车、溜冰、泛舟？不行，手会受伤。去露营度假？不行，会耽误练琴。时间不是我的，而是音乐的。这个想法根深蒂固，我从来没有怀疑过。

哈佛让我检视自己对音乐的忠诚，彻底把我从过往的音乐紧箍咒中解放。在这里，我完全自由了。有人到了哈佛，因为无人约束，琴就不练了。我当然没有那么做，但哈佛的确像一场及时雨，让我彻底清醒过来，从而正视我的音乐人生。

我来哈佛前，一位音乐学院的学姐说："如果一个人想练琴，且真心热爱音乐，他就会想办法回到音乐的怀抱。"但这一次，在其他领域的诱惑下，我如同一个想偷吃糖的小孩开始转变。

当我背着大提琴孤单地走进琴房时，我一想到室友在参加派对，就会感到异常寂寞。当我拒掉社团的邀约而疯狂准备音乐会时，我就会感到愤怒。为什么我与其他哈佛人格格不入？为什么我不能拥有平常而快乐的生活？没有哪条路比艺术之路更寂寞了。我的潜意识想要造反，而我也用行动支持它。除了室内乐课程之外，我不要练琴，不要辛苦，不要音乐会，也不要比赛。我想要抛开曾立下誓言要效忠的大提琴，去拥抱音乐以外的花花世界。

当我自以为从音乐中脱离出来时，一封来自加州的神秘信件悄悄地来到我的信箱。

您好，我们是PF基金会。我们有一位匿名的赞助人在加州听过您的演出，非常欣赏您的演奏。

我们找您找了一年，终于查到您现在位于哈佛的地址。这位赞助人希望以奖学金的形式持续支持您在音乐上的探索。我们知道您在哈佛，因此我们愿意资助您非学业的音乐课程。请跟我们联系。

我坐在宿舍，不禁傻了眼。匿名赞助人的出现像是小说《长腿叔叔》里才有的情节。我不禁思考，赞助人英俊潇洒还是贤淑大方？

我回到现实，心想赞助人的支持加上哈佛的小额音乐课程补助可以让我每两周到波士顿上一堂正规的大提琴课。如果我接受赞助，那么我的造反活动岂不无疾而终？

15.1　与马友友同台演出

另一个将我从非音乐的诱惑中拉回来的人是马友友。

大二上学期，马友友计划回哈佛演出的消息早已传遍全校。他这次不仅仅是自己演出，还带来了世界各地的音乐家。最大的惊喜是，他要在千百个哈佛生中选出几个年轻的音乐好手同台演出。

这个消息一出，轰动全校。乐林高手们都摩拳擦掌，为这次盛会忘我准备。艺术中心主任亲自发函邀请，仿佛在发“英雄帖”，受邀的人才可到现场“以琴会友友”。

那天，我背着大提琴，穿着鹅黄色上衣，从温特洛普住宿学院走到音乐馆。大厅里，学校的好手们都出现了，各自拿着小提琴、中提琴和大提琴，埋头苦练。

慢慢地，所有人都安静下来。我一抬头才发现，马友友正站在舞台的正中央微笑，说：“大家好，我是马友友。台上的这些伙伴是丝路之旅的同伴。”马友友一一介绍同伴，他的团队里有一脸忧郁的伊朗作曲家，有浪荡不羁的美国打击乐手，还有亲切温和的俄罗斯弦乐四重奏小提琴手。我目瞪口呆，这个团队根本就是个小小联合国。

接下来发生了出人意料的事。为了加入小小联合国，每个人都拼命准备好了德沃夏克协奏曲、莫扎特协奏曲或柴可夫斯基协奏曲等曲目。可大家刚要在马友友面前大展身手时，他竟然说："现在我要你们上台来，跟我们一起即兴演奏。"大家一脸错愕。马友友解释说："我们会在即兴表演中，观察你的演出，感受你和团体的默契度，来判断你有没有敏锐的耳朵和宽阔的胸襟，并以这些标准来评价你的演奏。"

有些人大为失落，我则觉得好有意思，从来没有看过这种招才方式，便兴致高昂地跳上台准备演出。又一个奇妙的事发生了：没有乐谱。

马友友说，演出的曲目有些是现场即兴，因此在测试前他只给每个人波斯音乐的和弦进行公式，要求大家必须用耳朵把它当场背下来，然后加入演奏。节奏也是如此，我们必须像演奏室内乐一样，专注于聆听鼓手的韵律，然后试着跟其他音乐家配合上。

这场演奏中，有人颠三倒四，无法配合，只好中途放弃；有人一脸困惑；有人不断犯错；也有人得心应手。我从来没听过来自丝路的音乐，但它有其特别的节奏和音程音律。耳朵仿佛被打开了，一个新世界的大门随之开启，我只想与它共舞。一回头，我看见身旁的马友友，左手旋舞于指板间，右手在洒脱地即兴演奏。他一边拉，一边笑着对我眨了眨眼。我也一边拉，一边心花怒放。

几天后，艺术中心主任通知我被选中了，可以与马友友他们同台演出。

演出当晚，剧院外大排长龙，剧院内人挤人。马友友镇定地带领全团走上台。跟他上台演出给我一种踏实感，即使天塌下来也不害怕。

虽然音乐是全新原创作品，又结合了异域风格和传统，但听众听得如痴如醉，要求返场的声音不断。马友友转头说："你看，今晚哈佛的听众多么捧场！"大家相视而笑，再次上台谢幕。

"丝路之旅"演出对我影响深远。马友友的音乐中西合璧，既有东方神韵，又有西方传统。这让我了解到，听众最关心的是一个音乐家要用自己的音乐诉说什么样的故事。马友友做到了，他把丝路讲得如此美妙，我也期待自己能做到。

15.2　邂逅音乐巨人伦纳德·伯恩斯坦

马友友音乐会结束后，我重新燃起对音乐演奏的热情。此时，我在哈佛又有了一段奇遇。一天傍晚，我到艾略特住宿学院练琴，休息时发现书架上放了一本伯恩斯坦的作品。

我心想伯恩斯坦不是指挥家兼作曲家嘛，他的作品应该是音乐集才对，这本怎么像是一本著作？我一翻看，原来这是由伯恩斯坦 1973 年在哈佛诺顿讲座上的 6 篇讲稿集结成的书。我有些惊喜，把琴放下，慢慢翻阅。

诺顿讲座是哈佛一年一度的艺文盛事。从 1925 年开始，每年评鉴委员团体会挑选一位诗人、作曲家、小说家或画家，邀请他以“诺顿诗人教授”的身份来哈佛做 6 次演讲。广义而言，诗包括所有人类文明中的诗意表达，不局限于语言，还包含音乐、舞蹈和美术。近百年来，诺顿讲座教授有生于俄国的作曲家斯特拉文斯基、德国作曲家亨德密特、美国诗人艾略特和先锋派古典作曲家约翰·凯吉等。

我坐在古色古香的大厅，身处伯恩斯坦曾经住过的学院。60 年前，伯恩斯坦最爱拿着一瓶啤酒，晚间跟哈佛学生开怀谈论音乐、宗教和政治。现在，我逐字逐句阅读他的精彩演讲。儿时的音乐巨人、纽约爱乐乐团的指挥家和我之间似乎没有距离。

伯恩斯坦的讲座名称 “未作回答的问题”借用了 1908 年美国作曲家查理斯·爱德华·艾夫斯的交响作品名。伯恩斯坦一边弹琴，一边分析曲目，一边旁征博引，以巴赫、贝多芬、瓦格纳、马勒、德彪西、勋伯格到艾夫斯的创作，来探讨 20 世纪的音乐到底何去何从。

我和伯恩斯坦先因文字相遇，接下来又发生了奇迹。哈佛大学举办伯恩斯坦音乐节，我被邀请担任伯恩斯坦音乐节的大提琴主奏，用音乐向伯恩斯坦致敬。

音乐会后，我们回到艾略特学院举办了盛大庆功宴。伯恩斯坦的儿子亚历山大一看见我就冲上来，紧紧拥抱我，说：“谢谢你，谢谢你精湛的演奏。你将他又带回了人间！”

15.3　得到丹尼尔·巴伦博伊姆的指点

大三那年，诺顿教授的提名人选是音乐家丹尼尔·巴伦博伊姆。由于大提琴，我从小就对巴伦博伊姆有着复杂的情愫。他是已故大提琴家杜普蕾的先生，也是世上最聪明、最传奇的钢琴家和指挥家。他年轻时曾一口气用 8 场音乐会演奏了全套的贝多芬钢琴奏鸣曲。

巴伦博伊姆幼时和列文教授出自同一师门。他在哈佛圣德斯剧院主讲“声音和思想”后，当晚特别来到“音乐180”指导我们的钢琴三重奏和另一组钢琴小提琴二重奏。

为了迎接巴伦博伊姆的来访，我们特别准备了贝多芬登峰造极的作品《大公》。巴伦博伊姆曾灌录了全套的贝多芬三重奏，当然也包含这首名曲。由于我的小提琴伙伴不久前与巴伦博伊姆指挥的芝加哥交响乐团合作过，他一见到我们便点头微笑。

“劳拉、虹文和艾琳，你们准备了什么曲子？”

一看见儿时的偶像，我不禁颤抖，说：“大师，为您准备的总谱在这里！”矮小精瘦的他，双眼异常明亮，他慢慢地说：“不用，没关系，我们开始吧！”

悠扬的降 B 大调钢琴曲好像初夏的鸢尾花开，河岸边的柳丝摇曳。大提琴和小提琴交相辉映，开始我们自己的音乐对话。巴伦博伊姆听完后，对我们赞赏有加，用了近一个半小时的时间巨细无遗地将《大公》的呈示部和发展部分析给我们听。

第一个乐句大师就花了大约 15 分钟探讨重点到底应该放在 A 还是降 B 上。巴伦博伊姆的每句话都仿佛画龙点睛，一个音的加强，一个句型的改变，一个声部的重新平衡，都会让整首曲子拨云见日，甚至锦上添花。

对于表演前的恐惧，我不禁感到羞愧。在大师的心中，他根本无视表演者多余的自我，因为表演者的存在是为了伟大的作品。他不在乎我们的演奏技巧或实力，而在乎我们如何将作品的真谛如实呈现，如何通过探讨、分析、实际演练而再上一层楼。

15.4 参加小提琴大师帕尔曼组织的音乐节

大二的暑假，我结束在上海公司的实习，背着大提琴飞向纽约城外、大西洋中的一座小岛谢尔特，因为这座岛上住着赫赫有名的小提琴大师帕尔曼先生。

降落在肯尼迪机场后，我坐车 3 小时到长岛的尽头，搭上唯一的渡轮，才踏上这座神秘小岛。到达的时候已是夜间。我听着海水翻滚的声响，看着闪亮的星星，不禁疑惑，我到底身处何处。那一夜，我在海浪的陪伴下沉睡。

谢尔特岛

隔天一早，所有音乐家集合，我与帕尔曼老师还有其他指导教授会面，包括卡维尼四重奏的大提琴家派肯，克利夫兰四重奏的大提琴家凯茨，茱莉亚四重奏的中提琴家泰平，小提琴教学大师华勒斯坦及其钢琴家夫人。

每个人自我介绍后，帕尔曼大师和夫人出现了。他和我们一起享用美味的大餐，看不出半点架子。帕尔曼夫人拥有最迷人的笑容，我看到她，就好像看到和煦温暖的朝阳一样。

她一看到我，就亲切地迎上前来，仿佛旧识一般。“我们知道你会来。告诉你，帕尔曼的一个学生明年也会到哈佛就读，请你要多多照顾学妹。”我微微一笑，点头答应。

帕尔曼音乐节的地点位于小岛南部。每天早晨我们看着海一起用餐，然后进行一上午的排练，下午由大师指导，晚上表演，表演之后再通宵一起合奏室内乐。从巴托克、舒曼到门德尔松的四重奏，帕尔曼老师还会跟我们一起合奏。

绿波澹澹，白鸟悠悠，音乐声里斜阳暮。我和帕尔曼大师的缘分源于这个绵绵夏日。哈佛毕业后，我又回到了音乐的怀抱。

16

第16课

要么知道自己是谁，要么知道自己要做谁

在你心里，是否感受到它如何化归万物？
而你最终领会了，美是为了什么？
并改变了你的生活？

在人才济济的哈佛，学生虽来自世界各地，但人人都像美国人一样课内课外非常繁忙，只为将来能过美国式精英的生活，要说思乡，着实可笑。经过4年在克利夫兰的洗礼，我早练就一口流利的美国腔，大一开始，没有人再能听出我的乡音。大家总以为我是地地道道的华裔美国人。不过，一些人、一些事偶尔会让我想起家乡的浮光掠影。

西方文学课上，我们读荷马史诗《奥德赛》。奥德赛触怒了海神，因此在大海里漂流10年，找不到回家的航向。

回不了家，奥德赛的船漂行到世界的最西边缘。在那里，他见到逝去母亲的灵魂。母亲思念他，老泪纵横，一五一十地告诉他家里的事。在奥德赛的旅程中，前方有未燃的灯火，后方有熄灭的晚烛，他漫长无比、泪痕斑斑的返乡之旅幽幽暗暗。

回肠荡气的远行中，最感人的一幕终于来临：满脸憔悴的奥德赛希望能抱住母亲，安慰母亲，伸手三揽，妈妈却一次又一次飘忽离去。这时奥德赛才惊觉，母亲早已是一缕如烟的影子，再也找不着了。奥德赛只好继续流浪。

16.1 中国城的老人与奥德赛

哈佛课余，每个周日一大早，我会到中国城去教老人英文。

这群白发华人，虽多半来美国很久，英文却不流利。他们一个个都有着被岁月磨平和驯服的脸庞，以及不能回首也无法向前的灵魂。

我不清楚他们的漂泊故事，他们也不轻易开口。若是我问他们，家在哪里，他们总试着用干涩的英文，一句一句告诉我他们在美国的地址："I live Worcester. Rockland Avenue Number Five."

"不对不对，是'I live in Worcester.'要记得加 in，Number Five 要放在街道的前面。"

他们再试一遍："I live in Worcester… I live in Worcester. Number Five, Rockland Avenue."（我住在伍斯特……我住在伍斯特洛克兰德大道 5 号。）

"太棒了，讲得太好了。"不过，我追问他们的老家时，他们总是抿嘴一笑，说不出口。

我又问："你们离开了那么久，还想故乡吗？"

一阵寂静，没人打破这无言的氛围。刚刚还叽叽喳喳地抢着回答的他们，一下子全都不说话。

我的学生就是那么可爱。当我低头教他们写英文信给他们的孙儿孙女，聆听他们不成串的英文，对他们微笑鼓励时，他们灰浊的双眼中闪着殷切的感激光芒。而我心中有那么一种微妙的冲动在发酵。我要把他们当作自己的爸爸、妈妈、外公、外婆，就当作他们在美国辛苦地学英文，所以我要诚挚地教他们，耐心地教他们。这些白发学生，一个个都勾起了我的乡愁啊。

这些远行异乡的暮年人，回不去老家，就只好住在伍斯特了。他们的英文，我就尽量教吧。人生失落的岁月难以修补，因为飘然远去的绝不仅仅是念不出、也散不开的乡愁。原来中国城的老人和古希腊的奥德赛如此神似：永远在回家，却永远回不到家。课程结束后，我总控制不住那绵延无尽的惆怅。

16.2 迷失在翻译中的女孩

在文学系的翻译课上，我们读了美籍波兰裔女作家伊娃·霍夫曼的回忆录《迷失在翻译中》。这本书记录了她儿时的流亡生活，以及她在离开故国波兰后如何在新的国度接触新的文化，学习新的语言，进而形成新的身份和自我意识。

一位美国土生土长的同学，读完后评价作者的移民经历无非是无病呻吟。我听了，心中又难过一番，因为我可是将这本书慢慢地读了一遍又一遍。作者用细腻的文字叙述处处可寻的孤寂，我感同身受。

或许，我的同学幸福到从来没有置身异乡的经历，美国是他唯一的家。如果真是如此，那么我亲爱的同学，你无法体会到你根深蒂固于生命的一部分被剥离的滋味；无法体会到从伊甸园坠落风雨凡尘的痛楚；无法体会那种 4 口人挤在一个小小房间，即便周围都是嘈杂邻居的家，却是你心中认定的唯一天堂的感动。

当有一天你被迫远行，被迫离开家园，不管你那年是 13 岁、15 岁、19 岁还是 27 岁，在接下来的日子，不论你拍电影、写书、画图、作曲或在梦里拼死拼活，你都要把那个遥远的家描绘回来，翻译回来。倘若你变成无法还原的人，就会像迷失在翻译中的伊娃 · 霍夫曼一样，迷茫而痛苦。

16.3 有家人的地方就有家

大二春节，爸爸、妈妈和弟弟万里奔波到哈佛陪我过年，一家人得以团圆。由于旅馆特别小，我们 4 人又像从前一样，一起睡在两张合并的大床上。

他们听不懂，却仍然陪着我四处听课。那天晚上，他们仨由于倒时差早早就睡了，只有我一直清醒着，一秒一秒数着他们此起彼落的呼吸声。在寒冷的 2 月，有那么短暂的三四天，剑桥竟然不舍得落雪。

不过就像诗人玛丽·奥利弗在《天鹅》中所写：

在你心里，是否感受到它如何化归万物？
而你最终领会了，美是为了什么？
并改变了你的生活？

第17课

17

面对人生暗角，等待光来
不如向光而行

我愿意接受自己的哀伤，
打开心胸诚实地面对过去生命中的悲痛。
我有能力，
面对生命中的大风大浪。

爸爸、妈妈和弟弟离开后，我病了。从波士顿机场回到学校宿舍的隔天，我开始发烧、腹泻和呕吐，严重到取消两场音乐会。

更惨的是，那学期的“高级宏观经济学”难上加难，每次小考我总是最后一个交卷，并以低分通过。在课业的压力下，我的身体状况一直不佳，两个星期后才慢慢好转。我刚准备演出时，家里又传来噩耗：外公罹患癌症病逝了。真可谓“屋漏偏逢连夜雨”。

我最后一次见到外公是在去年夏天。台北烈日炎炎，我们大伙儿围坐一圈，在他狭小老旧的客厅用餐。我们姐弟长大后，他和我们一年最多聚一回。那天他谈话特别起劲，问东问西。而我跟着妈妈胡乱回答，只想趁热吃鼎泰丰的小笼包。那美味是美国东海岸寻不着的。那时不论怎么都想不到，外公竟会离开我们。

外公的死是我第一次经历亲人的死亡。或者说，这是我第一次面对真实的死亡。

15 岁离家时，家人和我天各一方。天真无知的我用宝贵的天伦之乐与自己的未来交易，换来数不完的漂亮成绩单、丰富的知识储备、高薪工作聘书和自我价值的实现。

我始终挺直腰杆拼命向前冲。我要持续飞翔，实现我的梦想，再满载而归，让远在高雄的家人骄傲。只是，我从没想过生离之后还有死别，终有一天家人也会离我而去。

17.1 至亲过世，无法面对

电话的那一头已经告诉我外公撒手人寰的事实，万里之外的我却依旧恍恍惚惚，不知如何说服自己接受。家乡是过去，美国是现今。在“过去”停留的人怎么可以在“现今”抛弃我？是谁让我眼睁睁地看着外公消失，太不近人情了。

外公是一位洒脱的长者，生前嘱咐不办追悼会，死后第二天就火葬，这让我来不及回去奔丧。我接到电话时，人刚飞到佛罗里达准备演出。结束后回到哈佛，我又大病一场，在医院住了好些天，点滴就像一道涓涓细流，为我这源头枯竭没有活水的大地注入一线生机。

现在回想起来，那时病得那么重应该是心病。因为外公的死，因为“过去”与“现今”的撞击，我那对梦想翅膀和绮丽不灭的家园，刹那间被扯得支离破碎。

17.2 接受心理治疗，并不难堪

大病初愈后，我每天依旧心力交瘁，浑浑噩噩，两个月瘦了5公斤，书也念不下，琴也拉不好，整个人的身心状态每况愈下。考虑一阵子后，我走到温特洛普学院教务主任的办公室，告诉他我快读不下去了，经济课程好难。我希望这学期可以休学，明年再回来重修。

教务主任看了看我之前的成绩，直截了当地说：“你现在休学会很麻烦，而且这些修过的课都不能算。其实你一直成绩都很好，要不要先试着寻求帮助，看看问题到底在哪里。也可以考虑接受心理治疗，渡过难关。不要一下子就想休学。”他给我学校辅导服务的电话，告诉我再撑一个星期试试看。

哈佛大学有超过30位心理治疗师，每周7天、每天24小时在线帮助学生。学校知道学生念哈佛的压力有多大，所以才配备如此庞大的心理治疗队伍。这让需要辅导和援助的学生感到总有一双温暖的手接住你。

我之前知道一些学生有固定的心理治疗师。可我那时总刻板地认为，没有办法自己处理情绪的人才会低落到必须去接受心理治疗吧。对于心理治疗，我总无知地认为那是一件失败羞愧的事。

我的旧观念是一个错误的偏见。事实上，找到一位适合你的心理治疗师绝对值得。因为心理治疗可以帮你做出改变，让你更有勇气面对生命中可能发生的磨难。

如果我早一点接受心理治疗，就不用去找教务主任讨论休学了。我也可以慢慢地分析自己，成熟地面对亲人的离去。

在心理治疗室，我第一次允许自己承认自己的脆弱。我向治疗师坦白外公逝世给我造成的阴影，高中时离家失眠的恐惧，在高强竞争压力下由自卑带给我的不安全感，以及忙碌生活中的麻木孤独感。每周我有 45 分钟让心理治疗师如同一盏灯照亮我的暗角，让我理解：前头不管有多艰难，人生还是值得的，要好好活下去。

有时，我们也谈论死亡，谈肉体和精神的释放，毕竟它是每个人必须看清的事实。我们沿着同样的时间线，由生向死，一天一天地前进。家人是彼此的送行者。家不是具体的实物，也不是飘忽的影像。家人共处的时光是我们在生命时间线上步伐的交错，死亡则是我们最终要面对的归属。

慢慢地，我接受外公离我远去，到了另一个世界的事实。我也知道接下来可能会有更艰难的挑战，但如心理治疗师所说，当我愿意接受自己的哀伤，打开心胸诚实地面对过去生命中的悲痛，我就有能力面对生命中的大风大浪。除了为梦想翱翔的纯真外，我现在有更成熟的勇气，去面对成长、改变以及永别的剧痛。我知道，就算伤痕累累，我还是可以好好地勇敢地活下去。

直到期末结束，我既没有休学，也没有逃避期末考。哈佛时光中最艰辛的一年，我存活了下来，无上荣耀地存活下来。

第18课

18

划掉安全选项，为梦想放手一搏

我们不需要魔法来改变世界，
我们与生俱来就带着所有的力量。
在我们心里，
只要我们能够想象一个更美好的世界，
就足够了。

曾经有同学说，哈佛大学灌输给我们 3 个 C：Curiosity，Commitment，Confidence。即一颗支撑求知欲的好奇心，一份精益求精的承诺，以及进入职场所需要的信心。

我同意同学的看法，但更重要的是，哈佛 4 年给了我一个问题的答案。当我踏入哈佛大门时，虽然懵懂无知，但是我最渴求解答的问题是：我是谁？

我如何定义我的身份？我是音乐人，还是未来的经济人？我该从事艺术，还是加入企业？我不讲中文，并不代表我愿成为美国人。我不提家乡，并不表示我忘了它。我想要瞬间长大，可是再多的课程、再新颖的经济模型还是没法告诉我：我到底是谁？

我有满腹的疑问。不过幸运的是，我的身旁有太多人走在前头，愿意指点我，引领我。他们并非告诉我我是谁，而是帮助我寻找正道，让我在旅程中慢慢地发现我是谁。

如果一个人能够知道自己的定位，知道自己是谁，那么大学4年就不枉走一回。

18.1 音乐与经济之间

大四下学期，茱莉亚音乐学院敞开大门，邀请我参加应试。此时也适逢经济毕业大考和经济论文截止期，我一大早从波士顿赶到纽约，和钢琴手排练后，下午1时15分应试，之后再马上赶回哈佛。晚餐时间我到学校后，立即钻进图书馆准备隔天的经济大考。

茱莉亚音乐学院发榜，我通过了，可我的煎熬才真正开始。到底应不应该搬到纽约在茱莉亚深造，追寻不稳定的艺术工作？印象中，艺术家们总是穷困潦倒，有的甚至要在纽约从端盘子做起。我是要走这条路，还是接下聘书，如同身边多数同学那样迈出职业生涯的第一步呢？我的心七上八下，如同架在锯子下被不断地切割拉扯。大家都以为拿到工作的我早就放弃音乐了，很惊讶我仍在音乐与职场之间徘徊。在很多同学看来，工作是正当的，艺术是自我的；工作是主流的，艺术是偏门的；工作是落实生活，而艺术是不食人间烟火。

《不能承受的生命之轻》里面说：“我们经历着生活

中突然临头的一切，毫无防备，就像演员进入初排。如果生活中的第一次排练便是生活本身，那生活有什么价值呢？”

毕业后何去何从是一个重大抉择：不是排练，没有花絮（NG），这是我的真实人生。我该怎么做？

4年经济学下来，我知道如何分析问题，但也知道人生有些决定偏偏无法用行为模型来证明；有些未来无法用线性回归方程来揣测。即使飞黄腾达、训练有素的经济学家，有时也必须诉诸信仰。

什么信仰？是决定你人生该怎么走的信仰。它是你心中的一把尺，却没有刻度可以衡量。

或许，从我主修经济那一刻起，我就知道有一天我将离开它。再崇高的经济殿堂也有它的缺憾。我可以计算出每个人应投的保险金额，但没办法保障外公的生命。我可以预测税率从30%提高到39.8%对富裕的企业家有什么影响，但对波士顿城外贫困受难的孩子们的痛苦却束手无策。我可以研究销售额涨跌，但没有机会探究人性的底价。我可以拥有最完备的模型掌控所有变量，但没有能力预知自己的未来人生。

上茱莉亚还是工作？天人交战的另一头有个重要的问题：我到底要什么？

18.2 你选A计划还是B计划?

在哈佛期间，我很荣幸为两位校长演奏大提琴，一是在德里克·博克校长的卸任典礼上为他表演，二是在德鲁·福斯特女士主持的荣誉博士颁奖典礼上。

福斯特女士是哈佛历史上第一位女校长。她的一席话改变了我的人生。在她的字典里，人生有A计划和B计划。A计划是你一生最珍惜的梦想；B计划是你认为最安全的道路。

你的一生中，如果你不去追求你认为最有意义的事，那么你一定会后悔。虽然人生苦短，但给你试错的时间很长，请不要一开始就选择B计划。

去追求你所爱的！去做那一天不做你就活不下去的事吧！不要急着进入一个安全计划中，过一个妥协的人生。你至少要试试A计划，即使你知道A计划需要奇迹，你也该为之放手一搏！

我眼睛直怔怔地盯着讲台上的福斯特校长，心想：“A计划还是B计划？”

学姐的抉择

一场音乐会后，一起合作的学姐马上就要毕

业了。我问:“学姐，哈佛毕业后你想要做什么呢？”

“我已经准备好接下科技公司软件工程师的高薪聘书。”

“可是，你的最爱不是音乐吗？”

“是，如果没有音乐，我真的活不下去，可是我没有勇气去追逐音乐这个梦。小时候没有，现在哈佛大学4年结束了，还是没有。”

那时，看着学姐痛苦的脸，我也疑惑了。

“学姐，你就放弃那份工作，去追逐你的梦吧。你的演奏比很多音乐科班生都出色呢。”

她苦笑，再也不回答。没想到很多年以后，她从科技公司停薪留职，去追求音乐梦。她终究选择了A计划。

我的音乐A计划充满了不确定性，如同离开高雄或来到哈佛。我有没有勇气去面对人生的下一次大转变？我肩上扛着哈佛毕业生这个重重的头衔，我能够忍受A计划可能失败的变量吗？当同学们意气风发地准备进入社会、改变世界时，我能够安心做个渺小的艺术家吗？艺术家也能改变世界吗？最多，也不过是改变自己而已。

18.3 没有安全网的人生

著名作家 J.K. 罗琳说得好："我们不需要魔法来改变世界，我们与生俱来就带着所有的力量。在我们心里，只要我们能够想象一个更美好的世界，就足够了。"

可见每个人都有一支梦想的魔法棒，只看你会不会用，愿不愿意用。不过作为"哈利·波特之母"，J.K. 罗琳可以说是历经百难而成功的典范。大学毕业后 7 年，她没有工作，没有家人的支持，没有房子，离了婚，还带着一个嗷嗷待哺的女儿。她靠着英国的社会福利有一餐没一餐地过日子。她的书没人愿意出版，但她还是傻傻地在咖啡店拼命写作。那算不算彻底失败？如果哈佛大学毕业后，我将经历她的命运……仅设想，便让我打了个寒战。

但是她说：

失败是我人生中最大的帮手，因为失败将我一层一层琐碎不必要的外壳都剥落殆尽。当我不再隐藏、不再假装的时候，我就发现除了我自己，我什么都不是，我什么都没有。我只能全心力地完成这唯一的作品，这个我最在乎的作品。

如果我没有彻底的失败，我可能就没有办法、没有决心去做这件事。失败让我重获自由。所有生命中让我害怕的事都已经发生了，但我还是好好活着。我有一个我爱的女儿，我有一台老旧的打字机，还有一个我深信不疑的想法。生命的谷底，成为我重建人生的坚定磐石。

失败让她重获自由？没有安全网的人生依旧安全？其实，她不过在小心翼翼地避免受伤罢了。

对我而言，J.K. 罗琳不再是一个高高在上的传奇，而是一位知性、智慧、勇敢的姐姐。

18.4　莫忘初衷

哈佛 4 年中，在多少个枫叶灿然的日子里，我走在蜿蜒的羊肠小道上，被带向真理的殿堂。在多少个静谧如诗的深夜中，我和古今哲人对话，而不感到被时间遗弃。

哈佛曾是我最美丽的归属。如今在毕业前夕，哒哒的马蹄声又开始催促我这个过客：从今往后，你必须自己拨开枝丫，开辟你应走的路。我希望有人告诉我，我该怎么走；希望有人保护我，让我免于失败。可现在没人在前头引领我了，我得做自己的领路人，甚至做后生们的领路人。学校已经教给我们广博的知识和一流的技能，剩下的任务只能交给我们这一颗颗独立的灵魂去完成。我们必须锲而不舍地追寻生命的意义和价值。

我隐隐约约地找到了自己。我必须去茱莉亚，不只因为梦想、因为大提琴演奏，还因为茱莉亚将是我艺术人生的另一起点。我希望用艺术来成就真理；我希望用艺术来标定我的家园；我希望用艺术让人间多一点美好。

后记

爱的礼赞

我钟爱的意大利作家尼科洛·图奇写道:“是晚了,还是早了?当我以为时间来临,但原本该属于我的不见踪影。世间一切都变得不合时宜。”

大学毕业5年后的那次同学重聚,我回去了,回到了那个回忆铺天盖地的城市。温特洛普学院在院长卸任后改头换面,哈佛园对我而言有种熟悉的陌生感。晚会上,意气风发的男同学身穿名牌西装,却无法掩盖半秃的头;商学院毕业的女同学在憧憬着事业和爱情双丰收。原来在冷白的月光下,人生胜利组也有得不到的幸福。

6月明丽依旧,可毕业那年的我早已不复存在。那个一手抱着大提琴,一手拉着行李箱,仓促地找灰狗公交从波士顿到纽约的我;那个一人住进纽约10平方米不到的小房间,静夜里凝视窗外华盛顿桥的我;那个对自己波希米亚式的艺术家生活甘之如饴的我;那个全然不知前方还有什么考验等待的我。

哈佛人希望改变世界,对世界有所贡献。还记得吗?离校的拱门上写着:“来到哈佛的目的是为了增长知识,以便毕业后更好地服务国家、服务人类。”每个人都想服务世界,但我必须承认,倘若我在这一点上多了些许的思考,那必然得益于希腊作家普鲁塔克所说的:我们内在的变化,将改变外在的状况。真正的坚韧在柔弱,真正的权势在谦卑,改造人世间纷扰的前提是静下心来,做好自己。

杨绛说:“人生最曼妙的风景,竟是内心的淡定与从容。”15岁离家后,我就像汪洋中的一只小船,在太平洋的两岸漂泊。远航的船习惯了流浪,便不再提及从容。人在高雄的母亲曾经写了一封信给我,主题是“远航的船该靠岸了”。

母亲要我“靠岸”,可我究竟该停靠在哪个港口?我为了追求音乐荣光而离开了家乡,但谁也没有想到最后是这十几万汉字如同长夜中闪耀的灯火引领着我,带我驶向生命最初的码头。

写作,是一趟艰辛曲折的旅程。好多个彻夜未眠的夜晚,我看着一改再改的稿子,思索再思索是什么力量支持我,让我在《自己敲开哈佛的门》发表后继续写下去。是我的家人,我的大小读者,以及高希均教授和他的团队。你们的鼓励、期许、来信和等待鼓舞着我,让我再次动笔,让我在黑暗将尽和黎明破晓前,在记忆的回旋长廊中,重新找回那关于哈佛的一切,并带回给这片土地上最亲爱的你们。

这是一本爱的礼赞:如果没有你们,就没有这本书。东方既白,而我在美国东岸的暮色里,依旧深深念着你们,感谢你们,祝福你们。